SHODENSHA
SHINSHO

100円ショップの会計学

決算書で読む「儲け」のからくり

増田茂行

祥伝社新書

安藤利益《あんどうとします》の一日　―「はじめに」にかえて―

価格破壊の雄、100円ショップ

安藤利益は、食品卸の中堅企業に勤める33歳の課長である。結婚して4年ほどになるが、まだ子供がいないこともあり、休日はよく妻と買い物にでかける。

とある休日、利益は、いつものように午前中に妻の買い物に付き合った。自宅から歩いて8分ほどのところに、全国チェーンの有名スーパーがあり、最初にそこへ行くことが多い。

スーパーのフロアを一通り眺め回すが、この段階で、彼女がここで何かを買うことはまずない。ただひたすら、値札を手にとってふんふんとうなずくだけである。小1時間ほどもそうしてから、近くにある100円ショップへと足を運ぶ。これも決まったルートだ。

さっきスーパーで見た商品と見た目には遜色《そんしょく》のない商品が、100円ショップでは当然のことながら100円で売られていた。妻は買い物カゴを腕に下げると、ポンポンといくつかの商品をそのカゴに放り込んでいく。

妻はまずはじめにスーパーでいろいろな商品の価格を確認し、その上で、100円ショップで買い物をするのだ。これが主婦の智恵というものか。

利益も、妻について回るだけではつまらないので、自分でいくつか商品をピックアップし、買い物をした。全部100円だから、10個買っても1000円だと思い、カゴを持ってレジで精算したら、なんと1600円だといわれた。よく見ると、いくつかの商品は300円だったり、500円だったりした。ゼンゼン100円ショップじゃないじゃないか。

でもまあ、それにしたって、安いことは安い。まさに〝価格破壊の雄〟といっても過言ではあるまい。

100円ショップの〝なぜ〟

100円ショップでは、「こんなものが100円で買えるのか！」と、びっくりするようなものまで、100円で売られています。それこそ、普通のスーパーだったら、150円とか200円とかの値札が付いていてもおかしくないようなものまで100円で買えます。いわゆる、バッタものかなと思うこともしばしばですが、食料品などに関していえば、有名な大手メーカーのものばかり。100円ショップの中を歩いていると、「なぜ、こんなものが100円で売れるのか、これで儲かっているのか」と思うこともしばしばです。

また、最近の100円ショップは200円、300円といった値札を付けた商品を増やしてきています。これじゃ100円ショップじゃないじゃないかとも思いますが、それでも他のお店よりも格段に安いので、ついつい買ってしまいます。「なぜ、最近の100円ショップは、100円以外のものも売っているのだろう」という疑問もわいてきます。

当然のことながら、手品にタネがあるように、ビジネスにはノウハウがあります。そのノウハウには、他の仕事において役立つものも多くあります。本書では、会計的な視点に立って、100円ショップの〝なぜ〟を解き明かしていきます。そして、そのなぜを知ることで、企業の会計の基本を習得していこうと思います。

大盤振る舞いが魅力のバイキングレストラン

歩き疲れた妻が、バイキングレストランで食事をしようと言い出した。2人で商店街にあるバイキングレストランへ。1人2時間限定で、料金は1人1980円だとのこと。ちょうど昼時ということもあって、混んでいるに違いないと覚悟して入ったのだが、店内は決して満席という状況ではなく、すぐに席に通された。フロアの中央にしつらえられた大型テーブルに、十数品にもおよぶ料理が、所狭しと並べられている。和食あり、洋食あり、中華ありと、バリエーションも豊富である。食べなきゃソンとばかりに、すべての料理を食べた。こんなに大盤振る舞いをして、１人たったの１９８０円だなんて、この店は本当に儲かっているのだろうか。

バイキングレストランの〝なぜ〟

いろいろな料理を好きなだけ食べられるバイキングレストラン。最近は街のあちこちでバイキングスタイルをとるレストランをよく目にします。

普通のレストランで、単品を注文して食べることに比べれば、かなり割高な感じはあります。しかし、十数種類もある料理をちょっとずつ食べられるというメリットを考えると、むしろリーズナブルかもしれないと思ってしまうのは、私だけではないでしょう。

それにしても、なぜバイキングレストランは、こんな大盤振る舞いをできるのでしょうか。安っぽい料理ばかり並べているわけでもないですし、食材がよくないとも思えません。料理自体、手抜きをしているとは思えません。

もちろん、１００円ショップと同様に、バイキングレストランにも儲けのカラクリはあります。詳しくは本書の中で触れていきます。

まだまだある街中の不思議店

その後、利益はＤＶＤプレーヤーを買いたくて、家電量販店へ。先ほどのスーパーにもＤＶＤプレーヤーは売っていたが、そこよりも2～3割は安い。どうしてこんなに価格差があるんだろう。

そんなこんなで夕方まで過ごし、家に帰ってから、妻が夕食の支度をする間に、理容店へ散髪に行くことにした。いつも行く理容店は、店主と奥さんの2人でやっているのだが、駅前に１０００円ポッキリの理容店ができたというので、そっちへ行ってみた。カットにかかる時間は10分程度。洗髪も髭剃りもないが、１０００円なら文句をいう気にはならないし、短時間で済むのも、ありがたい。

儲かっている商売には必ず、からくりがある

流行《はや》っているお店には、必ずお客様を惹きつける魅力があります。そして、儲かっているお店には、必ず儲かるカラクリがあります。

家電量販店はなぜ、あんなに安く売れるのか。１０００円理容店は本当に儲かるのか。はた目に見ていると不思議でなりません。しかし、現実に安く売っているし、現実に企業業績

を伸ばしています。そして、ビジネスが儲かるカラクリは、必ずといっていいほど、財務諸表に表れるものです。

ですから、財務諸表などの会計データを読み解くことができるようになると、儲けの仕組みを理解しやすくなりますし、自分の仕事に応用することもできるようになります。

本書は100円ショップをはじめとした、最近儲かっている商売を参考にしながら、財務会計の基本的な知識を身につけていただくことを目的としています。

ここで取り上げた〝なぜ〟の解答は、第1章以降にまとめられていますので、ぜひ、肩肘張らずに読み進めてください。

増田茂行

二〇〇八年初秋

ことわり書き

本書では、一部実在の企業の財務諸表を取り上げていますが、当該財務諸表は、公表されている有価証券報告書に基づいています。本書内の解説中で、財務諸表の基本的構造を解説する上で、筆者が独自に財務諸表を解釈した部分がありますが、実際の企業活動や当該企業の考え方等とは異なる場合もあることをお断りしておきます。また、本書内のいかなる記述も、取り上げた企業を誹謗・中傷するものではないことを申し添えます。

本書で取り上げた有価証券報告書は次の通りであり、これらはＥＤＩＮＥＴ（http://info.edinet-fsa.go.jp/）から入手できます。

・株式会社九九プラス
・株式会社キャンドゥ

なお、有価証券報告書等に掲載されている財務諸表は、単位が「百万円」「千円」等となっており、端数処理の関係で厳密な計算値と表記上の数値が若干異なる場合があることをご了承ください。

目次

第3章　生き残るには、100円以外の商品も必須

第4章　「高級バー」より「立ち飲み屋」のほうが資金繰りが楽!?

目次

第6章　財務会計知識を実践で生かす――あなたのお店の財務諸表を作る――

●編集協力　西森純三
●企画協力　オズプランニング
●本文ＤＴＰ　古屋泰明

第1章　「100円ショップ」は〝数〟で勝負する

第1節　100円ショップは本当に儲かっているか

〝びっくり〟を楽しめる100円ショップ

100円ショップへ行くと、「こんなものが100円で買えるの⁉」とびっくりするようなものが、100円で売られています。

私たちは、日常の消費行動の中で、経験的に「単4乾電池2本セット」は150円ぐらい、とか、名のある製菓メーカーのAというお菓子は180円ぐらい、といった価格認識を持っています。

スーパーなどの特売も、そうした価格認識を打ち破ることで、「安い‼」と消費者に思ってもらえるわけです。それが呼び水となって来店客数が増え、結果として、それほど安くない商品もまとめて買ってもらえるので、全体的には十分に利益が出る構造で商売をしていました。

しかし、特定の商品がかなり安くなるといっても、それは200円のものが160円になるとか、130円ぐらいのものが「100円ポッキリ」と表示されることで、十分に実感できるものでした。もちろん中には、通常の価格の半値近い商品があったりして、「すごく安い!!」とばかりにお店の前に行列ができることもあります。

しかし、特売でもないのに、常に、すべての商品が安いというお店は、これまで経験がなく、それを実現した100円ショップという店舗形態に、とにかくびっくりさせられたわけです。

「こんなものまで100円で買える!!」という驚きを楽しめるお店だといっても過言ではないでしょう。

元々の100円ショップの原点は、「バッタ屋」といわれる極端に安い価格で商品を売る販売業者だといわれます。

「バッタ屋」は、正規の仕入ルートを通じて商品を仕入れるのではなく、倒産したメーカーなどから、きわめて安く商品を買い取り、それを商店街などの空きスペースを利用して販売するというものです。倒産に至ったメーカーは、商品を抱えていても仕方がないので、たとえ単価が安くても、大量に買ってもらえるなら助かりますから、そうした正規の販売業者でなくても構わなかったわけです。

つまり、売り先のなくなった商品を、〝大量に安く〟買い付けることで、市場価格よりも安く販売できるビジネスモデルだったのです。

しかし、年がら年中、倒産メーカーが存在するわけでもなく、そうしたビジネスモデルでは、恒常的な商売はできません。そこで、現代の100円ショップは、〝大量に安く〟というキーワードを計画的・恒常的に実施することで、消費者がびっくりするようなモノまで、100円で売れるビジネスモデルを創り上げていったのです。

基本は、大量生産・大量販売

つまり、100円ショップのビジネスの基本は、大量生産・大量販売にあります。

1個80円で仕入れた商品を100円で売ると、利益は20円です。この商品を1カ月間に1000個売ったとしても、(20円×1000個)で利益は2万円に過ぎません。これではアルバイト店員さんのバイト料さえ払えないことでしょう。

しかし、1万個売れば20万円ですし、2万個売れば40万円となります。

「そんなこと、当たり前だ!」と思うかもしれませんが、100円ショップの儲けのカラクリは、そうした当たり前のことを一生懸命やった結果として生まれているのです。

もちろん、100円ショップの経営努力はそれだけであるはずもなく、もっといろいろな工夫があることは事実です。

たとえば、単価を均一にすることでレジ作業を単純化し、従業員の労働効率を上げるというのも、そのひとつです。

また、ごくごく日常生活に密着した商品を多く取り扱うことによって、細かい商品説明などが不要なので、極端にいえばレジ要員がいれば売り場従業員はそれほど必要はなく、徹底的に人件費を軽減できます。

売り場作りにおいても、高級品を売っているわけではないので、陳列什器《じゅうき》などを高級感のあるものにする必要はなく、店舗コストも低く抑えられます。

最終的に「儲かるかどうか」は、そうした諸々の経営努力の集大成です。販売単価を安くするだけで、あらゆる商売が儲かるというものではないのです。

しかし、１００円ショップにおける、もっとも根本的な儲けの仕組みは、大量生産・大量販売にあるのだということは、まずしっかりと理解しておいてください。

１日１個の販売量でも、大量生産・大量販売になり得る⁉

では、一体どのくらい大量に販売しているのかについて、確認してみましょう。

24～25ページの表1は、99円ショップを展開する「株式会社九九プラス」の平成20年6月に発表された有価証券報告書を出典としています。

これによると、平成20年3月（第8）期の売上高は1229億9700万円となっています。もしすべての商品が99円（便宜上100円としましょう）だったと仮定すると、約12億2900万個の商品を売ったことになります。年間で12億個というとてつもない数字になります。

しかし、九九プラスは直営・フランチャイズ合わせて、全国に837店舗あります（平成20年3月期末現在）。年間12億個の商品販売量を1店舗あたりで計算すると、約143万個です（現実には、フランチャイズ店については、加盟金とロイヤリティが売上となりますから、売上高のすべてが商品販売売上ということでありませんが）。これを12カ月で割ると、ひと月平均で約12万個となり、ひと月30日稼動として1日平均にすると、約4000個です。ここまでくると、だいぶ現実味のある数字に思えてくるのではないでしょうか。

一般的にコンビニエンス・ストアのアイテム数は3000～5000程度といわれますが、九九プラスが展開するSHOP99でも、4000アイテムほどはあると思われますので、単純に考えれば、1アイテムあたり、1店舗で1日に1個売れる程度でも、十分に大量生産・大量販売になるということです。

もちろん、すべての商品が、すべての店舗で毎日1個ずつ売れる、というわけではないでしょうから、単純な掛け算ではじき出した数量を大量生産するということではありません。特にSHOP99の場合には生鮮品なども扱っているので、それらについては販売期間（消費期限）の制約もあるでしょうから、他の日用品のような大量仕入をしているとは思えません。

しかし、このビジネス・スケールがあれば、100円で売っても利益の出る商品仕入（生産）は、十分に可能になることでしょう。

第2節　売上の基本は「単価×数量」、どっちを伸ばしても売上は増える

売上高は「単価×数量」で決まる

売上高1兆円の企業でも、100億円の企業でも、その売上高の基本は「単価×数量」です。さらにいえば、「1人あたり顧客単価×顧客数」という言い方をしても同様です。表現のバリエーションはいろいろとありますが、基本原理は「単価×数量」なのです。

この基本を理解していれば、「売上を上げる」ということがどういうことなのかがわかり

第５期 平成17年３月	第６期 平成18年３月	第７期 平成19年３月	第８期 平成20年３月
72,075	109,222	124,489	122,997
1,679	1,382	863	356
925	417	△ 886	47
6,456	7,053	10,010	11,318
18,595	24,113	28,837	28,204
52,664.13	56,612.16	64,083.42	64,569.33
8,172.82	3,380.67	△ 7,039.70	294.70
7,783.71	3,325.14	—	—
34.7	29.3	34.7	40.1
22.0	6.2	△ 10.4	0.4
85.4	72.5	△ 14.8	153.0
4,111	2,408	2,087	1,602
△ 3,352	△ 4,773	△ 3,348	△ 2,232
2,648	2,719	4,821	△ 539
5,726	6,080	9,641	8,471
789（2,812）	1,043（4,311）	1,086（4,155）	1,126（5,135）
54,591	83,307	94,668	94,111
1,399	1,286	788	244
646	433	△ 851	23
2,661	2,751	4,672	5,338
122,600	124,600	156,204	176,704
6,384	6,998	9,989	11,273
18,529	23,951	28,657	28,111
52,079.55	56,164.90	63,952.09	64,316.03
—（—）	—（—）	—（—）	—（—）
5,715.34	3,509.81	△ 6,760.13	145.95
5,443.23	3,452.17	—	—
34.5	29.2	34.9	40.1
15.1	6.5	△ 10.0	0.2
122.1	69.8	△ 15.4	309.0
—	—	—	—
605（2,063）	788（3,299）	824（3,200）	839（3,850）

表1　九九プラス　主要な経営指標等の推移

回　　次	第4期
決算年月	平成16年3月
(1) 連結経営指標等	
売上高（百万円）	43,018
経常利益（百万円）	544
当期純利益又は当期純損失（△）（百万円）	203
純資産額（百万円）	1,963
総資産額（百万円）	10,788
1株当たり純資産額（円）	166,424.49
1株当たり当期純利益又は1株当たり当期純損失（△）(円)	17,262.03
潜在株式調整後1株当たり当期純利益（円)	—
自己資本比率（%）	18.2
自己資本利益率（%）	10.9
株価収益率(倍)	—
営業活動によるキャッシュ・フロー（百万円）	1,697
投資活動によるキャッシュ・フロー（百万円）	△ 1,510
財務活動によるキャッシュ・フロー（百万円）	937
現金及び現金同等物の期末残高（百万円）	2,318
従業員数（外、平均臨時雇用者数）（名）	502（1,342）
(2) 提出会社の経営指標等	
売上高（百万円）	32,285
経常利益（百万円）	536
当期純利益又は当期純損失（△）（百万円）	204
資本金（百万円）	1,067
発行済株式総数（株）	11,800
純資産額（百万円）	2,170
総資産額（百万円）	10,932
1株当たり純資産額（円）	183,922.71
1株当たり配当額（円）(内、1株当たり中間配当額)(円)	—（—）
1株当たり当期純利益又は1株当たり当期純損失（△)(円)	17,288.36
潜在株式調整後1株当たり当期純利益（円）	—
自己資本比率（%）	19.9
自己資本利益率（%）	9.9
株価収益率（倍）	—
配当性向（%）	—
従業員数（外、平均臨時雇用者数）（名）	372（949）

ます。

売上は「単価×数量」なのですから、どちらか一方を増やすことで売上そのものを増やすことができます。

たとえば、1個1000円の商品を販売している企業があるとします。月あたり平均販売個数は1万個です。月の売上は単純に「1000円（単価）×1万個（数量）」で求められますから、1000万円ということになります。

よく営業部門において、「売上20％アップ」という目標を掲げたりします。そうした売上増加目標に向かっては、多くの場合、販売数量を20％増やすことを前提としますが、単純に単価を1200円にすれば、販売数量を増やさなくても、売上20％アップは達成できるということです（現実のビジネスにおいては、単純に値段を上げて売上を伸ばすという短絡的な方法に頼ることはありませんが）。100円ショップのような小売業態の場合、「平均単価×平均購入点数×客数」に分解して管理することもできます。あるいは「平均客単価」という形で、1人の顧客が1回の来店で購入する金額を指標とする店舗などもあります。

特に100円ショップのようなワンプライス・ショップの場合には、単純に「商品単価を上げる」という売上増加策が採れないので、どうしても1人あたりのお客様に買っていただく商品点数を増やすか、お客様の数そのものを増やすという戦術しか採り得ないということもあります。ですから、なおさら「単価×数量」のひとつのバリエーションである「平均単価×平均購入点数×客数」を前提に、売上増加策を検討することが必要になります。

【基本原則】　単価　×　数量

【バリエーション】平均単価×平均購入点数×客数

損益計算書には、「単価×数量」はない

どんな商売をしていても、売上というものが、「単価×数量」の合計であるのならば、そもそも、「売上高」を分解してみれば、その企業の儲けの構造がわかります。

企業が儲かっているかどうかは、「損益計算書」という財務諸表を見ればわかります。これはその名のとおり、「損」が出ているのか、「益（利益）」が出ているのかを計算する（した）書類です。

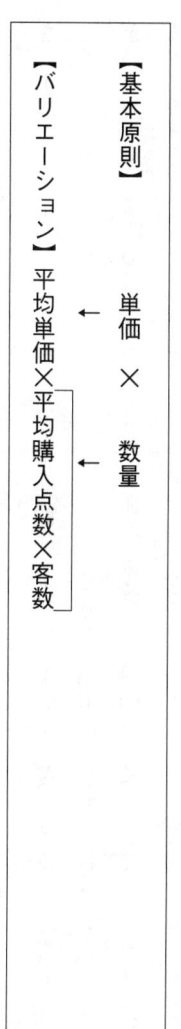

基本構造は単純で、「売上高」を一番上に記載し、そこを出発点として、順次費用項目を列記し、引き算して〝利益〟を計算していくというものです。

最も重要な財務諸表のひとつですので、表2で基本構造を確認しておいてください。

財務会計が苦手だと感じている方の多くは、こうした書類を目にした瞬間から、苦手意識が先行してしまっているようです。しかし、基本的な構造が理解できてしまえば、何ら難しいものではありません。本書の中で随時、ポイントを説明していきますが、ここでは「売上高が出発点になる」ということをまず理解しておいてください。

さて、その売上高ですが、損益計算書においては、総売上高といって、その企業の全体的な売上額だけが記載されていて、「いくらの商品を何個売った」というような「単価×数量」では表されません。たんに1200億円とか、2000億円といった記載になっています。そのため、単純に眺めているだけでは、金額的な多寡だけが印象に残ってしまい、事業そのものの大きさというか、規模感がはっきりとはわからなくなってしまうのです。先に九九プラスの売上高約1200億円を分解してみました。この時、1店舗あたり1日約4000個の商品を販売していれば、トータルで年間1200億円になるという試算が成り立ちました。「1つのお店で1日に4000個の商品を売る」というのが、年商1200億円の事業の規

表2　損益計算書の基本形

売上高	×××円
売上原価	×××円
売上総利益	×××円
販売費及び一般管理費	×××円
営業利益	×××円
営業外収益	×××円
受取利息	×××円
その他	×××円
営業外費用	×××円
支払利息	×××円
その他	×××円
経常利益	×××円
特別利益	×××円
固定資産売却益	×××円
特別損失	×××円
固定資産売却損	×××円
税引き前当期純利益	×××円
法人税・住民税	×××円
当期純利益	×××円

模感なのです。ここまでブレイクダウンすることによって、たんに「年商1200億円」といわれるよりも、かなり具体的に事業の規模感をイメージできるのではないでしょうか。

もちろん、多くの企業は単一の商品を売っていたり、単一のサービスだけを提供していたりするとは限りませんから、こうした分析のやり方が多少乱暴であることは否めません。しかし、こうした視点を持つことで、財務諸表を面白く読み解くことができるようになります。

損益計算書の基本構造

ここで、損益計算書の基本構造を理解してしまいましょう。

そもそも、損益計算書は、英語では「Profit & Loss Statement」といいます（損益計算書を「ピーエル」と呼ぶことがあるのは、この名称に由来しています）。直訳すると、「利益と損失の書類」ということになります。まさに「損益」を表す計算書類なのです。

損益を計算するための出発点は、すでに触れたとおり「売上」です。

計算書の一番上に「売上高」をおいて、次に売上原価を書いて、引き算します。売上原価とは、「売上を上げるために必要となった商品の製造費用や仕入費用」のことです。製造業の場合には、「製造原価」と呼ばれ、小売業などの場合には、「商品仕入（原価）」と呼ばれます。

売上からこうした原価を引き算すると、一定額のお金が残ります。これが「売上総利益」であり、一般に「アラリ（粗利）」と呼ばれます。

さらに、売上総利益から、商品の製造や仕入以外の費用を差し引きます。この時差し引かれる費用は「販売費及び一般管理費」です。その名の通り、「販売費」と「一般管理費」のふたつの種類の費用項目を合わせたものなのですが、それらを細かく区分けすることにはあまり意味がないので、すべての費用項目を総括して「販管費《はんかんひ》」と称しています。

売上総利益から、販管費を引き算して残ったものが、「営業利益」といわれるものになります。これが、〝本業の利益〟といわれるもので、企業経営において、とても重要視される利益指標となります。

損益計算書の基本構造（表2）を見ていただければわかるように、「利益」と名のつく項目はこれだけではありません。

さらに、営業利益に「営業外収益」と「営業外費用」を足し引きしたものが「経常利益」。その経常利益に、「特別損益（損失と利益）」を足し引きしたものが「税引き前当期純利益」となり、そこから各種の税金を差し引いたものが「当期純利益」となります。この「当期純利益」が、その企業の活動によって純粋に残った利益ということになります。

第3節　単価が一定なら〝数量〟を増やせ

100円ショップは、数で勝負

すでに触れたとおり、「単価×数量」で売上高が決まりますが、100円ショップは基本的にほとんどの商品を100円で売っているわけですから、売上増加策としては、「数量」を増やすということになります。

さらに、この「数量」を分解するとどうなりますか？

すでに説明したように、「1人あたり購入点数」と「客数」とに分解できますね。ですから、「数量を増やす」という売上増加策を考える場合には、1人あたりの購入点数を増やす戦略と、純粋にお客さんの数を増やすという戦略の2方向が考えられるということになります。

100円ショップの多くは、どちらか一方の戦略に偏《かたよ》るのではなく、この2方向の戦略をうまく活用して売上を伸ばしてきたようです。

まず「1人あたりの購入点数」を増やす戦略ですが、これは基本的には100円ショップという業態が本来的にもっているビジネス上のメリット、魅力とも大きく関係があります。具体的にどういうことかというと、100円ショップはすべての商品を100円という均一価格にすることで、結果的に「衝動買いを誘う価格戦略」を採っているということです。どれもこれも100円であるという本質的な特性により、来店客は、「別に買わなくてもいいもの」まで、ついつい買ってしまうという消費行動をとりやすくなっています。皆さんも、ある特定の商品を買う目的で100円ショップに足を運び、アレやコレやと買い物カゴに商品を放り込んでしまう、という経験があるのではないでしょうか。

この時、重要なのは「品揃え」です。品揃えとは、商品アイテムをどれだけ幅広く揃えているか、ということです。

「お客様は、100円均一という、安くてわかりやすい価格設定に魅力を感じて、欲しくないものでもついつい買ってしまう」ということがわかっています。そこでは、どれだけ商品を用意しているか(「品揃え」)が重要なのです。

せっかく「買う気」になっているお客様がいるのに、「商品の種類が少ない」のでは、売れるものも売れないという発想です。商品のアイテム数を増やせば増やしただけ、売上が上がることがわかっているのですから（もちろん、無尽蔵に増えるということではありませんが）、１００円ショップ側は、取扱商品アイテム数をどんどん増やす戦略を採ってきたわけです。以前から頻繁に１００円ショップに行っていた方ならおわかりだと思いますが、商品アイテム数は数年前と比べて明らかに増えています。もっといえば、１００円ショップの売り場面積自体が、以前とは比較にならないほど、大型化しています。これはまさに「１人あたりの購入点数」を増やすための戦略なのです。

商品分野を限定しないことで、来店客数もアップ

次に、来店客数を増やす戦略について考えてみましょう。ごく普通の消費行動というものは、ある商品が欲しくて、その商品を扱っているお店に行く、というのが基本です。「お醤油を切らした」という場合は食品スーパーに行きますし、ボールペンを買うためには文房具屋さんに行きます。醤油を買うために文房具屋に行く人はいませんし、ボールペンを買いたくて食品スーパーに行く人はいません（最近の食品スーパーにはちょっとした文房具も置いてあるようですが）。

ところが、１００円ショップには醤油もあれば、文房具もあります。もちろん、それ以外

のさまざまな商品も。ですから、醬油を買いたい人も、文房具を買いたい人も１００円ショップに集まります。何でも売っている百貨店的な集客発想です。

つまり、商品分野を特定せず、可能な限り多様な商品分野を扱うことで、自然といろいろな目的をもったお客様を集めることができるのです。すなわち商品分野を広げることが来店客数を増加させることにつながるのです。

１００円ショップは究極のカテゴリーキラー!?

以前、カテゴリーキラーと呼ばれる業態が登場し、小売業界で話題になりました。カテゴリーとは、オモチャとか、食品といった商品分野あるいは商品群のことを指します。ある特定の商品分野の品揃えを徹底的に豊富にして、しかも低価格で販売する小売業態のことをカテゴリーキラーと呼びます。近隣で当該商品分野を扱うお店を廃業に追い込んでしまう（「キラー」とは〝殺してしまう〟という意味合いです）ことから、こう呼ばれました。オモチャやベビー用品を扱うトイザらスが、カテゴリーキラーの典型です。

１００円ショップは、特定のカテゴリーの商品分野だけを扱うのではなく、実に幅広い商品分野を扱っています。基本は台所用品や食器、文房具類などの日用雑貨が中心ですが、それ以外の食品や化粧品、下着や書籍、音楽CDまで扱っています。ですから、本来的にいえばカテゴリーキラーという定義には当てはまりません。しかし、最近の100円ショップは、さまざまな分野の商品アイテム数がとても豊富になってきていますし、近隣で同一分野の商品を取り扱っているお店にとっては着実に脅威になっています。

あらゆる分野の商品カテゴリーにおいて、キラーになり得るという意味では、究極のカテゴリーキラーと呼んでもいいのではないかと思います。

そして、その豊富な取扱商品分野と品揃えによって、100円ショップでの1人あたり購入点数は着実に増加し続けてきたのです。

第4節　1000円理容店が儲かるのも〝数量〟を増やすから

ワン・プライスの強みは、100円ショップだけじゃない

100円ショップだけがワンプライス・ショップではありません。最近、話題になっているワンプライス・ショップに、1000円理容店というものがあります。一般の理容店の場合、シャンプーとカットがセットで3000〜4000円程度ですが、1000円理容店は

その名のとおり1000円ポッキリです。ただし、シャンプーや髭剃りなどの付加サービスは一切なく、カットのみです。

そもそもシャンプーなんて毎日お風呂でできますし、ほとんどの成人男性は毎朝髭剃りもしているわけですから、そういう意味ではカットのみで十分です。

さらに、このタイプの理容店がすごいのは、1人のカットに要する時間が10分程度だということです。所要時間についても、一般の理容店の場合には、1時間前後は必要となりますから、利用者側の時間効率もとてもいいということになります。そうした短時間・低料金が受けて、いま伸び盛りの業態といえます。

では、一般の理容店で3000円も4000円もするサービスを、たとえシャンプーや髭剃りがないからといって、1000円で提供して儲かるのだろうか、という疑問がわきます。

しかし、この疑問も簡単な計算によって解消することができます。

1000円理容店では、付加的サービスに費やす時間をそぎ落とすことによって、1人あたりにかける時間を10分程度にしています。これにより、1人の理容師は1時間あたり6人のお客様に対応することが可能となります。単純に計算すれば、1時間あたりの売上は6000円ということになります。営業時間を仮に1日8時間として、途中に1時間の休憩時間を入れたとすると、7（時間）×6（人）で、合計42人に対応することが可能となり、売上高は4万2000円／日となります。これに対して、一般の理容店が1時間で1人のお客様に対応すると仮定すると、同じく1日の稼働時間7時間で計算して7人。1人単価を4000円としても、1日のトータル売上は2万8000円となります。圧倒的に1000円理容店の勝ちということになります。

仮に、1000円理容店が1店舗あたり3名の理容師を使っているとすると、1日あたりの売上高は×3で12万6000円となり、月間30日の稼動とすると、月間売上高は378万円にもなります。

極限まで「数量」を増やすことで儲かる仕組み

1000円理容店のパイオニアともいうべき「QB HOUSE」を展開するキュービーネット株式会社のホームページに掲載されている会社実績によれば、国内分はまさに右肩上がりで来店客数を伸ばしています。平成9年に5万7000人だったものが、10年後の平成19年には1059万人です。客単価が1000円ですから、単純計算すると平成9年の売上高は5700万円です。そして、平成19年の売上高は105億9000万円となりますから、

10年でなんと約１８５倍という急激な伸びを示しているのです。

１００円ショップも１０００円理容店も、商売の内容こそ違うものの、「数量」を増やすことで儲け（利益）を極大化させるという点では、同じようなビジネスモデルだと考えてよいでしょう。というよりも、売上を構成するものが、「単価×数量」である以上、ビジネスを成長させることの本質は、単価か数量のどちらか、あるいは両方を増やす以外にはあり得ないということです。

もちろん、どうやって単価を上げるか、どうやって数量を増やすか、ということはビジネスモデルによってさまざまです。ここで取り上げた１００円ショップや、１０００円理容店は、単価を一定に保つことで、それ自体を競争力として成長してきたビジネスモデルなので、数量を増やす戦略が成長戦略の中心におかれているのです。

第2章　重要なのは、単品あたりの利益ではない

第1節　〝儲かる商品〟と〝あまり儲からない商品〟がある

「利益」は出世魚—損益計算書ができるまで—

魚の中には、成長過程で名前が変わるものがあります。「出世魚」といわれるものです。ブリが代表的です。地方によって微妙に呼び方が異なるようですが、九州地方では「ワカナゴ↓ヤズ↓ハマチ↓メジロ↓ブリ↓オオウオ」と名前が変わっていきます。

財務諸表のひとつである損益計算書に記載される各種の利益も、この出世魚のようなものです。

稚魚の状態のもっとも幼い利益が「売上総利益（粗利益）」です。そして、それが成長して「営業利益」となります。さらに次の計算工程を経て（つまり、もっと成長して）「経常利益」というものになります。しかしそれで終わりではなく、さらに「税引き前当期利益」↓「当期純利益」と変化していきます。

まさに出世魚ですね。利益は、成長すればするほど、企業にとっての意味合いが重要になっていきます。

スタートである「売上総利益」は、「利益」と呼ぶのがおこがましいくらい幼い利益で、この利益は、企業が自由に使えるというものではありません。なぜ、自由に使えないかというと、その売上総利益の中から、社員の給料や事務所の家賃、交通費や電話代などを払わなければならないからです。こうした経費が「販売費及び一般管理費（販管費）」であるということはすでにお話したとおりです。

売上総利益から、こうした販管費を差し引くと「営業利益」というものになるわけですが、この利益は「本業の儲け」ともいわれるとおり、売上総利益に比べると、かなり企業の利益体質を表している利益指標といえます。

たとえば、１個60円で商品を仕入れ、それを１００円で売っている企業の例で考えてみましょう。

①ある月に、この企業が１万個の商品を販売したとすると、売上高は１００万円です。そして、その売上を確保するためにかかった仕入原価は@60円×１万個で60万円となります。売上高が１００万円で、そのための仕入原価が60万円なので、差引きの売上総利益は40万円となります。

これを損益計算書にまとめると上のようになります。

②この企業は家賃10万円の事務所兼店舗を借りていて、社長の給料が25万円です。水道光熱費が月3万円かかり、それ以外には経費はありません。

つまり、「販管費」は、総額で38万円ということです。この販管費38万円は、売上総利益で賄《まかな》わなければなりません。

それを損益計算書に表すと、次ページ上段のようになります。

売上高	1,000,000
原価	600,000
売上総利益	400,000

これを見ればわかるように、この企業は、仕入原価はもちろん、事務所家賃や給料などの営業活動に必要なすべての費用は賄っても、まだ2万円残っている企業だということになります。「営業利益 2万円」というのはそういう意味です。

さて、もしこの企業が、ある月、1日5000円で20日間、アルバイトを雇ったとします。バイト料は10万円となりました。

この時の、この企業の損益計算書は次ページ下段のようになります。

以前の人件費は社長の給料25万円だけでしたが、アルバイトの給与10万円がプラスされるので、「人件費35万円」となります。他の経費が変わらないとしても、販管費の合計額は48

売上高	1,000,000
原価	600,000
売上総利益	400,000
人件費	250,000
事務所家賃	100,000
水道光熱費	30,000
営業利益	20,000

売上高	1,000,000
原価	600,000
売上総利益	400,000
人件費	350,000
事務所家賃	100,000
水道光熱費	30,000
営業利益	△80,000

万円となり、売上総利益から販管費の合計48万円を引くと、△8万円となります（△はマイナスの意味です）。つまり、「営業利益は△8万円（営業損失8万円という言い方もします）」ということです。

この「営業利益△8万円（営業損失8万円）」が意味するところは、「現在の売上規模と営業体制では、利益が出ない」ということです。

企業としては、「売上を増やして、販管費を賄えるだけの売上総利益を確保」するか、「販管費を減らして、現在の売上総利益でも販管費を賄える」体制にしないと、ビジネスとしては、いつまで経っても儲からないということなのです。

出世魚の上がりは、当期純利益

営業利益が「本業の利益」とも呼ばれるのは、モノを売ったり、サービスを提供したりする企業活動に必要な商品仕入や、人件費などの必要経費のほとんどすべてが、営業利益を計算する過程で盛り込まれているからです。

しかし、企業の利益を理解する上では、さらにこの先があります。

企業活動の中には、本業（営業）とは直接的には関係ないけれども、欠かすことのできない活動というものがあります。そして、そうした本業以外の活動によって発生する費用や収益も企業の利益内容に影響を及ぼしますので、損益計算書にはしっかりと記録されるわけです。それが「営業外収益・費用」といわれるものです。

代表的なものは、銀行などの金融機関との取引によって発生する利息などです。銀行にお金を預けていれば、利息がつきます。これは受取利息ですが、企業にとっては営業外の収益となります。逆に借金をすれば、その借金にかかる利息があり、それは支払利息という費用となります。

ほとんどの企業は、事業を継続する上で金融機関を利用していますから、常に金融機関の口座を介してお金を出し入れしており、必ずといっていいほど受取利息は発生するはずです。

こうした営業外の収益と費用を、営業利益に足し引きすることで「経常利益」が計算されます。経常利益の「経常」は、「いつも、日常的に」というような意味です。つまり、経常利益とは、本業活動による利益と本業活動ではないけれども企業として日常的に行なっている活動によって発生する利益（損失）を合算して計算される、「企業としての継続的な活動によって生み出された利益」ということになります。

営業利益は、企業の本業活動によって生み出される利益であり、「本業で儲かっているかどうか」を見極めるための重要な利益指標です。そして、経常利益は「本業に付随するすべての日常的な活動の結果として、どれだけ利益が残るか」ということを表す、さらに重要な利益指標ということができます。

次ページに、受取利息1万円、支払利息5000円の場合の損益計算を掲載しましたので参照してください。

では、ここでひとつ質問です。ある企業が、自社の事務所スペースに余裕があるので、別の会社に一部スペースを貸して、家賃収入を得ていたという場合、その家賃は「売上」でし

売上高	1,000,000	
原価	600,000	
売上総利益	400,000	
人件費	350,000	
事務所家賃	100,000	
水道光熱費	30,000	
営業利益	△80,000	
営業外収益	10,000	――受取利息
営業外費用	5,000	――支払利息
経常利益	△75,000	

ようか、「営業外収益」でしょうか。

答えは、「営業外収益」です。不動産賃貸業を業としているのであれば、それは「本業の儲け」ですが、本業は別で、たまたま空いているスペースを他人に貸して得る収益は、売上ではありません。しかし、毎月決まって入ってくるお金であるという意味では、経常的な活動なので、営業外収益のところで計算されることになります。

さて、利益の成長はさらに進みます。

経常利益は、さらに「特別利益」と「特別損失」を足し引きすることで、「税引き前当期利益」となります。「特別利益（損失）」の「特別」とは、〝毎年、継続的に行なわれるわけではなく、ごくたまに〟発生する企業活動に基づく収益や損失という意味です。

所有していた土地・建物などの売却によって得られる収益や、火災や地震などの災害によって発生した損失などが当てはまります。こうした収益や損失は毎年必ず発生するようなものではなく、数年に一度あるかないかという活動です。経常的に行なわれるものではないとしても、いったん行なわれれば、それはやはり企業の儲けに大きく影響しますので、「特別利益（損失）」という項目欄で計算されるわけです。

たとえば、これまで営業活動に使用していた自動車を15万円で売却した、というような場合には、上記のように表されます。

ここまでで「税引き前当期利益」が計算されました。

さて、あえて「税引き前」

売上高	1,000,000	
原価	600,000	
売上総利益	400,000	
人件費	350,000	
事務所家賃	100,000	
水道光熱費	30,000	
営業利益	△80,000	
営業外収益	10,000	受取利息
営業外費用	5,000	支払利息
経常利益	△75,000	
特別利益	150,000	自動車の売却益
税引き前当期利益	75,000	

などという言い方をしているのですから、当然、「税引き後」があるということは、容易に想像できると思います。

私たちがふだん税金を納めるように、企業にも当然に納税の義務があります。法人税や事業税、そして住民税も支払っています。その税金計算の基礎となる課税所得は前述の「税引き前当期利益」です（現実には、税引き前当期利益の額に無関係に、一定額が発生する税金もあります）。

本書は税金の解説書ではないので、税金部分についての詳しい説

売上高	1,000,000	
原価	600,000	
売上総利益	400,000	
人件費	350,000	
事務所家賃	100,000	
水道光熱費	30,000	
営業利益	△80,000	
営業外収益	10,000	――受取利息
営業外費用	5,000	――支払利息
経常利益	△75,000	
特別利益	150,000	――自動車の売却益
税引き前当期利益	75,000	
法人税など	37,500	
当期（純）利益	37,500	

明は避けますが、企業の場合、おおむね50％くらいが税金と考えればよいでしょう。

ですから、税引き前当期利益が7万5０００円だとすると、3万7５００円の税金がかかることになります。

そして、この税金を納めて残った利益が「当期純利益」であり、ここが〝上がり〟です。

ビニール傘にみる儲けの構造

損益計算書において、どのように利益が計算されていくのかがわかったところで、話を１００円ショップに戻しましょう。

ここでは、１００円ショップが儲かっているかどうか、儲かっているとしてどういう構造で儲かっているのかを、売上総利益の視点で見ていくことにします。

なぜ、売上総利益で見るのかといえば、企業においての大本の利益が「売上総利益」だからです。損益計算書の計算過程において、まず最初に売上高があり、そこから商品の仕入原価や製造原価を差し引くことで最初に出てくる利益が売上総利益です。ここが大きければ大きいほど、それ以降の利益である「営業利益」や「経常利益」も大きくなっていくのです。

さて、いろいろなものが１００円で売られている１００円ショップ。儲けの構造自体は単純で、100円よりも安い金額で仕入れてきた商品を、100円で売ることによって、その差額が粗利益となります。

売上－商品原価（仕入）＝粗利益

では、いったい100円の商品をいくらで仕入れているのでしょうか。

SHOP99を展開する株式会社九九プラスの平成20年6月に発表された有価証券報告書に掲載されている連結損益計算書によれば、平成20年3月期の売上高が1229億9700万円に対して、売上原価が901億8200万円で、売上総利益（粗利益）は328億1400万円でした（128～129ページの表7参照）。

売上総利益率（売上高に占める売上総利益の割合）は26・7％ですから、単純に見れば、「100円で売っている商品は、（平均で）73・3円で仕入れている」ということになります。

ただし、この数値は連結損益計算書のものですから、フランチャイズのロイヤリティ売上など、SHOP99での商品売上以外の要素もふくまれています。ですから、本来的には、単純に商品仕入の平均値ではないということをご了承ください。

さて、当たり前のことですが、数千アイテム、数万アイテムに及ぶ１００円ショップの商品が、すべて73円で仕入れられているとは、到底考えられませんから、商品によって仕入原価のばらつきがあるはずです。

たとえば、ひとつの事例としてビニール傘の原価構造を見てみましょう。最近はコンビニでも文房具屋でも、ビニール傘を売っています。１本４００～５００円程度が相場のようです。しかし当然のことながら、１００円ショップでは１００円で売られています。

仕事で街中を歩いていて、突然雨に降られ、あいにくカバンの中には傘が入っていない。ふと見ると、コンビニと１００円ショップが並んでいる。あなたはどちらの店に駆け込みますか。まあ、特別な理由がない限り、１００円ショップではないでしょうか。突然の雨に困って、急場しのぎ的に買うことの多いビニール傘は、安ければ安いに越したことはありませんから。

そのビニール傘、現在ではほとんどが中国をはじめとした東南アジアで製造され、日本に輸入されてきています。最近のビニール傘１本の原価は、輸入にかかる費用などを含めても、ほぼ10円程度のようです。大手の１００円ショップは、中国などに自社の倉庫を持っていて、現地で格安に買い付けたビニール傘を、現地自社倉庫に保管し、その他の商品などと合わせて日本に輸入することで輸送コストなどを切り詰め、こうした格安仕入を実現しているようです。ただし、仕入ロットは20万本とか30万本といった単位ですから、販売店舗をたくさん持っているようなチェーン店でないと、それだけ安い仕入価格では商品を入れられません。

ここでもスケールメリットが働いているわけです。

第2節　単品で儲けるよりも、全体で儲けろ

粗利ミックスのためのロスリーダー戦略

さて、いままでは利益を生み出す商品のひとつになっているビニール傘ですが、以前は少し事情が違っていたようです。

中国をはじめとする東南アジアの製造拠点も、いまほどには生産効率が高くなく、大手100円ショップ・チェーンといえども、現地の自社倉庫などを持たない頃には、ビニール傘の製造原価は50~60円程度で、輸入のコストなどを加えると、ほぼ売値に近い100円ほどで仕入れていた100円ショップもあったようです。

100円で売ることが前提の100円ショップで、なぜ売値に近い原価の商品をわざわざ

仕入れるのか、という疑問がわくことと思います。
当然です。しかし、ここに１００円ショップの儲けのカラクリのひとつがあるようです。実は、当時のビニール傘は、ロスリーダーといって、赤字覚悟のサービス品でした。ロスリーダーは日本語では目玉商品と訳されます。その商品の販売によって利益を確保するというよりも、集客のための客寄せパンダであり、それを目当てにたくさんのお客様に来店してもらって、ついでにもっと利益率の高い商品を一緒に買ってもらうことで、全体として儲けようというものです。

第１章で触れたとおり、１００円ショップは「単価×数量」の「数量アップ」戦略に妙があり、その数量アップ戦略も、購入点数を増やす戦略と客数を増やす戦略があります。１００円で仕入れたビニール傘を１００円で売るのは、まさに客数を増やすための戦略だったのです。「ビニール傘が１００円で買える」という魅力を武器に、たくさんのお客様を集め、そのお客様たちにビニール傘以外の、比較的利益率の高い商品も衝動買いしてもらうわけです。このように、利益率の低い商品と高い商品を混在させ、売上全体の中で、原価率を適正に維持して儲けを出していく考え方を粗利ミックスと呼びます。１００円ショップは、まさにこの粗利ミックスの発想で商品原価を考えているようです。

しかしそれが、いまでは製造現場の効率が上がって製造原価が安くなり、また１００円ショップ側の企業努力で輸入コストを抑えることにより、むしろ利益を生み出し得る商品に変わってきたのです。

商品原価は玉石混交

そうはいっても、ほとんどの商品は１００円以下の原価で仕入れられており、ごく一部の商品について、ロスリーダーとして原価割れを覚悟で仕入れているわけです。「こんなものが１００円で買える！」とお客様に思ってもらうことで、他の１００円商品も当然にオトクな商品という印象を与えるわけです。

ただ、多くの商品が１００円以下の仕入れであるといっても、どれほど儲かるかは、また千差万別です。限りなく１００円に近い商品原価で、人件費や店舗維持費などの販管費を加味するとほとんど赤字と思える商品もあるでしょうし、ビニール傘の例のように、商品原価が10％程度の効率のいい商品もあります。

株式会社九九プラスの連結損益計算書に見る売上原価率は73・３％でしたが、一般に雑貨を中心とした１００円ショップの商品原価率は推測ですが30〜50％程度のようです。

そして、比較的原価率が高くなるのは食品関係のようです。有名メーカーのお菓子や飲料などは、大量仕入によってかなり安くできるとはいっても限界があります。また、SHOP99のように、生鮮食品などを扱っている場合には、さらに原価率は上がります。100円ショップの流通に限らず、生鮮食品の場合には、その特性上、原価を抑えることが難しいからです。逆に自社の企画商品はかなり原価を抑えられます。大手の100円ショップは、自社のオリジナル商品をいくつも開発して、店舗に投入しています。

そうした原価率の異なる商品をさまざまに品揃えし、トータルとして利益の出る構造をつくり出しているのです。

第3節　立ち食いそば屋とバイキングレストランの儲け方

かけそばだけでは儲からない立ち食いそば屋

ひとつひとつの商品の粗利益以上に、全体としての粗利益効率を大切にしている業態は、100円ショップ以外にもたくさんあります。

営業活動で外回りをすることの多い営業担当者御用達の立ち食いそば屋もそのひとつのよ

うです。

　立ち食いそば屋のメイン商品であるそばは、比較的原価が高くつきます。多くの立ち食いそば屋で、国内産よりも安い輸入のそば粉を使って原価を抑えるなどの経営努力をしているようですが、それでもかけそばだけでいえば、食材の仕入原価や人件費、店舗維持費、光熱費などを賄うと、なんとかトントン。良くても多少の利益が出る程度のようです。

　ところが、トッピング・メニューである天ぷらやたまごが追加されると、一気に利益率が上がり、儲けが出るのです。

　つまり、先ほどお話した100円ショップの場合と同じように、取り扱っているすべての商品が、均《ひと》しく利益を確保できるような原価構成にあるのではなく、ある商品は大きく利益に貢献するが、ある商品は原価がギリギリもしくは原価割れしていて、それらがミックスされることにより、店全体、あるいは企業全体としては、一定の利益が出る、という構造をとっているわけです。

　言ってみれば、「かけそば」はロスリーダーです。かけそばだけで済ませば、1食240～250円ぐらいで足りてしまいます。昼食を安く済ませようと思って立ち食いそば屋ののれんをくぐり、メニューを見ているうちに、「天ぷらぐらいのせよう」とか、「おにぎりを1

図1　かけそばの原価構成と、天ぷら・おにぎりの原価構成

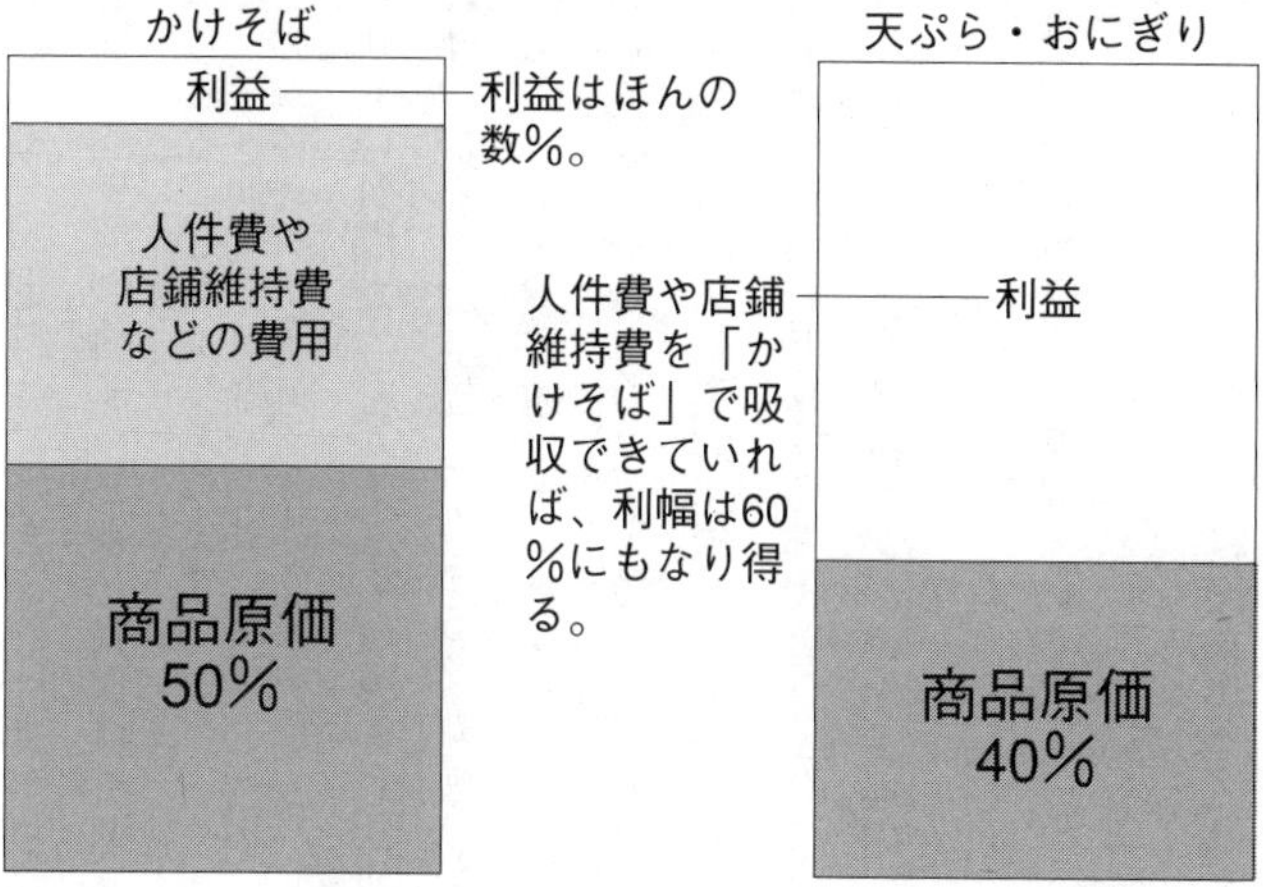

個追加しよう」ということになりがちです。

それでも、天ぷら100円とおにぎり100円追加で、元のかけそば250円と合わせても450円です。500円玉1枚で、お釣りがくる昼食は、とてもリーズナブルです。お客様は十分に満足してくれます。

そして、これをそば屋側の視点で分解すると、図1のようになります。

バイキングレストランの儲けの構造も100円ショップに似ている

ここでバイキングレストランの儲けの構造を見ていきます。

皆さんも利用したことがあると思いますが、ホテルのレストランや、街中のレストランなどでも、一定料金で好きなだけ食べられるバイキング方式が増えています。地方などに出張してホテルに泊まっても、朝食バイキングなどがあり、和食でも洋食でも食べたいだけ食べられることがよくあります。

このバイキング方式、果たして得をしているのは、お店でしょうか、お客の側でしょうか。少々難しい質問だったかもしれません。大食いコンテストに挑戦できるような大食漢の方であれば、「当然、客だ」と答えるでしょうが、多くの方は「店」とお考えなのではないかと思います。まあ、普通に考えて、バイキング方式のレストランがこれだけ増えているのは、損をしてないからだろう、と考えるでしょうから。

確かに、お店は基本的に損をしていません。むしろ得をしています（当然ですね。そうでなければ続ける意味がありません）。だからこそ、バイキングレストランは廃《すた》れないのです。実は、バイキングレストランが儲かる理由には、100円ショップと共通のあるカラクリがあったのです。

では、そのカラクリを見ていきましょう。

そもそも、レストランというところは、たくさんのメニューを用意して、お客様に注文を聞いてから、注文どおりの料理を作って供するのが、基本サービスです。ところが、バイキングレストランでは、お客様が料理を注文するということはありません。あらかじめ料理は作られていて、フロアの中央あたりの大型テーブルの上に、所狭しと並べられています。お客様の側は、ビールぐらいは注文するかもしれませんが、料理に関して言えば、誰も注文などしません。当然です。出されている料理を、胃袋が許す限り食べ尽くすというのがバイキングの掟ですから。

お店によって状況はまちまちだと思いますが、大きなレストランのバイキングだと、おおむね10～20種類ぐらいの料理が並べられています。とっても原価が高そうなローストビーフもあれば、比較的原価が安そうなスクランブルエッグもあります。

ここでひとつ思い出してください。ロスリーダーという考え方です。10～20種類の料理の中には、とても原価が高い（つまりは食材費が高い）料理もあれば、逆に原価が安い料理もあり、原価が高い料理は、言ってみればロスリーダーなのです。

つまり、バイキングレストランも、100円ショップなどと同様に、ひとつひとつの料理単位では、原価の高いものもあれば、原価の安いものもあり、トータルバランスとして、1人3000円ポッキリの料金設定でも、儲かる商品構成（レストランの場合は料理構成ですね）を採っているのです。

在庫にムダがないバイキングレストラン

さらに、バイキングレストランが儲かる構造として、「在庫のムダがない」ということが挙げられます。厳密にいえば、「在庫」という表現は少々ヘンですが、話をわかりやすくするためにあえて「在庫」と呼びます。

レストランの在庫とは、つまり食材です。20種類程度の料理メニューをもっているレストランの場合、それらの料理を作るための食材は一定量用意しておかなくてはなりません。でも、食材を用意したからといって、必ず注文が入るとは限りません。せっかく食材を用意しながらも、注文がほとんどなく、食材をムダにしてしまうということも、注文方式のレストランの場合には考慮しなくてはならないのです。

もちろん、そうした食材の費用も、全体としての経費の中に組み込まれ、ある程度の廃棄を前提に価格設定などがされているはずです。

しかし、バイキング方式の場合、食材にムダは出ません。だって、お店の側があらかじめ料理メニューを決めて、お客様の注文とは無関係に大皿にのせて供するのですから。言ってみれば、バイキングレストランは、「ムダな在庫をかかえない商売」だということができるのです。

しかも、食材は大量仕入が可能になりますから、仕入コストも低減できます。たとえば、1日平均延べ２００人の来客が見込めるレストランで、そのうちローストビーフを注文するお客様が１割の20人程度だということが経験的にわかっている場合、ローストビーフを作るための食材としての牛肉は20人分を仕入れることになります。しかし、同様に２００人の来客が見込めるバイキングレストランの場合には、２００人分の牛肉を仕入れます。仕入量が10倍になりますから、業者に対してもボリュームディスカウントを交渉しやすくなります（実際には、２００人全員が１人前ずつ食べるわけではないので、50人分とか１００人分とかの見極めはしているはずですが）。

あらかじめ10種類程度のメニューを決め、その料理に必要な食材だけを見込み客数分だけ仕入れて、一気に作り、あとは大皿にのせて供するだけです。なんと効率のいいビジネスでしょうか。

ローコスト・オペレーションも儲けに貢献

もうひとつ、バイキングレストランの儲けのカラクリがあります。それは人件費です。一般のレストランであれば、席数に対して一定のフロアスタッフが必要です。お客様を席に案内し、お水やお茶を出し、注文を受けて厨房にそれを通し、料理が仕上がったらテーブルにサーブして、食べ終えたテーブルから器を下げる、という一連の作業が必須だからです。

しかし、バイキングレストランでは、基本的に料理を供する作業はありません。お客様がかってに取り皿に料理を盛って、自分たちのテーブルに運ぶからです。多くの場合、お水やお茶も飲み放題で、ウォーターサーバーなどを用意し、お客様自身がかってにグラスに注ぎます。フロアスタッフの仕事といえば、お客様を席に案内し、空いた器を下げる程度です。あとは厨房でできあがった料理を運ぶくらいでしょう。それも、各テーブルに何度となく運ぶのではなく、中央のテーブルに1回置くだけです。ですから、フロアスタッフの人数は極端に少なくて済みます。つまり、人件費をかなり安く抑えることができるのです。

いわゆる「ローコスト・オペレーション」です。この点も、100円ショップに似ていますね。

第3章　生き残るには、100円以外の商品も必須

第1節　数量の限界を「単価アップ」戦略で超える

単価アップ戦略も導入する100円ショップの昨今

「1人あたり購入点数」を増やし、「来店客数」を増やすことで、トータルでの「数量」を増やし続けてきた100円ショップですが、そうした「数量アップ」戦略が限界点に達しつつあります。

そこで100円ショップが採った戦略が、「単価アップ」戦略です。

昨今の100円ショップでは、200円、300円、あるいは500円、1000円という商品が、お店によっては品揃えされています。

しかし、100円ショップがすごいのは、200円、300円という高額商品を投入しながらも、同一商品のラインナップには、従来どおり100円のアイテムもしっかりと残していることです。たとえば、ネクタイなどは300円ネクタイや500円ネクタイがありますが、相変わらず100円のネクタイもある、という具合です。

高額商品が投入された当初は、価格表示がわかりにくく、レジに持ち込んではじめて10

０円じゃないことに気づくというお客様も多かったようです。しかし、最近では１００円ショップであっても、１００円ではない商品があることが消費者の側に浸透してきています。そのことによって、１００円のネクタイを買うか、５００円のネクタイを買うかは、消費者自身の選択の幅であり、むしろ品揃えの豊富さというプラス要素として評価されるようになってきています。

とどまるところを知らない１００円ショップの売上向上戦略。今後、さらなる成長を目指してどんな戦略を展開してくるのか、非常に楽しみでもあります。

「単価×数量」の原則に忠実に従うと、数量の次に狙うのは単価

１００円ショップにおける高額商品投入戦略は、ある意味で当然のことです。それは、再三述べてきたように、売上というのが「単価×数量」で成り立っているからです。数量を増やす戦略が一巡してしまった後に、さらに売上を拡大するためには、単価を上げるしかないのですから。もちろん、その「単価アップ」戦略は、いままで１００円で売っていたものを単に１２０円にする、ということではありません。より品質の高い商品を用意して、それを品質に見合う高価格で販売するということです。

100円ショップは、次の成長に向けて、その戦略を採らざるを得ないステージに至っているといえます。つまり、数量拡大戦略の限界を超えるためには、単価をアップさせる戦略しかないのです。

通常、数量を増やすための方策としては、まず商品アイテム数を増やします。既存店舗に商品アイテム数を増やすことにおいては、あまり経費構造は変わりません。商品アイテムが増えたからといって、店舗家賃が増えるわけでもなく、店員を増やすことも基本的には不要です。しかし、それが限界点に近づくと、次には出店戦略で数量の拡大を狙うことになります。店舗そのものを増やす、それによって全体としての売場総面積を拡大する、といったことです。しかし、この戦略には投資コストがかかりますから、それなりの資金力も必要となります。たんに店舗を増やせば、その分だけ利益が増えるという単純な話ではなくなります。それでも、出店数を増やして企業としての成長を印象づけなければならないのは、企業の宿命といえるでしょう。

さて、出店戦略が永遠に続くかといえば、そうではありません。やはり限界はあります。いまのコンビニエンス・ストアの出店状況を見れば、それは明らかです。最近の都会では、わずか数十メートルの範囲に、3つも4つもコンビニエンス・ストアがひしめいているという状況も少なくありません。コンビニエンス・ストアの競争は、お客様に対して、どれだけ豊富な品揃えをするか、サービスを提供するか、という対・顧客戦略以上に、他社のコンビニエンス・ストアから、どれだけお客様を奪い取れるか、という「奪い取り戦略」にシフトしてきています。

本来、店舗出店においては、一定の商圏人口というものが前提になりますから、土地さえあればどこに出店してもよいということにはなりません。かつ、競合他社との関係性もあるので、１００円ショップなどにおいても、店舗を増やすことによって、販売数量を拡大していくという方向性にも限界が出てきているという状況なのです。

繰り返しになりますが、そこで注目される次の成長戦略が単価アップ戦略なのだと考えればよいでしょう。もちろん、全部が全部、単価を上げる必要はないのです。１００円ショップの真骨頂は、あくまでも「１００円で買える」という点にあるからです。ただ、１００円で提供できる商品には限界があります。消費者側の視点に立ってみても、１００円という定価設定にこだわりすぎると、顧客離れを起こす危険性もあります。

すでに触れたとおり、突然降り始めた雨に対応するための、急場しのぎのビニール傘ならば、できるだけ安いほうがよいと考え、１００円ショップに駆け込む人が多いはずです。しかし、傘のニーズという視点で考えた場合には、「もっとおしゃれな傘が欲しい」とか、「ふだんからカバンに入れておける傘が欲しい」といったニーズがあることも事実です。しかし、そうした品揃えを無視していると、そうしたニーズをもったお客様は、100円ショップではない別の店に買いに行ってしまうのです。せっかくたくさんのお客様が来店している100円ショップとしては、それは実にもったいない話です。急場しのぎの100円ビニール傘も買えるし、もっとおしゃれな傘も買える、折り畳み傘も買えるという品揃えをしておけば、1人あたりの購入額を十分に増やすことができます。

100円ショップが、100円にこだわらない商品を揃えるようになった背景には、そうした事情があるのです。

100円ショップが、100円ショップじゃなくなる日

「100円ショップ」というコンセプトである以上、商品は100円でなければならない、ということはありません。もちろん、そのコンセプトが出発点であり、そのコンセプトによって急成長してきたのは事実です。

しかし、お客様が、「商品が100円」であるということに加えて、「単価が一定で計算し

やすい」ということにメリットを感じていることがわかれば、「１００円である」こと以上に、「計算しやすい単価」であることを、むしろメインのコンセプトとして商品をラインナップしていっても、決して顧客離れにはつながらないという見込みも成り立ちます。

そして、最近の１００円ショップにおいて、２００円、３００円の高額商品が当たり前になっている実情は、そのことを証明しているともいえます。

つまり、いまの１００円ショップは、「すべての商品が１００円で買えるショップ」ではなく、「単純な価格設定で計算しやすいショップ」に、コンセプトがシフトしてきています。「商品を１００円で売らなければならない」というタガを外したことで、１００円ショップは、新しい成長のチャンスを手に入れたともいえるでしょう。

第２節　他人のふんどしで勝負する１００円ショップ

１００円ショップが、お店の中にお店をつくるワケ

１００円ショップの多くは、ショップ・イン・ショップという形態で出店されます。大型スーパーマーケットの一角に出店する、ショッピング・モールの一角に出店する、という具

合です。最近でこそ、いわゆる単独店の形態のショップも見られるようになってきていますが、従来はほとんどがショップ・イン・ショップの形態でした。

では、なぜ、そうした形態の出店を中心に店舗戦略を進めてきたのかというと、それには大きな理由が考えられます。

それは、集客を親店舗に頼ることで、広告宣伝に必要となる費用を極力抑え、営業利益率を向上させるというものです。

100円ショップに限らず、小売業が利益を向上させるための基本は、次の公式に集約されます。

> 売上高－費用＝利益
> 売上高－費用（仕入原価＋販管費）＝（営業）利益

つまり、利益を増やすための方策としては、①売上を増やす、②費用を減らす、のいずれかを実現すればいいわけです。

売上を増やす方法については、これまでずっと説明してきましたので、ここでは、「費用を減らす」ことについて説明したいと思います。

費用は大きく2種類です。ひとつは仕入（商品）原価です。仕入コストということです。これについては、大量仕入をすることによって、極限まで下げる努力をしているということを、すでに説明しました。

次に減らすべき費用は、販管費のほうです。そのひとつが、ここで取り上げる広告宣伝費です。

100円ショップの多くは、大型スーパーやショッピング・モールといわれる商業集積の中に出店することで、自前の広告宣伝を行なわなくても、一定ボリュームの集客が約束された中で商売を展開しています。そのことによって、本来必要となる広告宣伝費を削減しているのです。

企業にとって、とても重要な利益指標は「営業利益」です。これが、本業の活動によってどれだけの利益を生み出すことができるのか、ということを表しているからです。

そして、損益計算書の構造からいって、営業利益を増やすための方法は、「売上総利益を増やす」か、「販管費を減らす」かのどちらかです（両方できれば、なおよいのはいうまでもありません）。

ですから、売上を増やす、売上原価を低減する、といった施策と同じように、販管費を下げる方策というものも、企業努力としては忘れてはいけないポイントなのです。

軒先を貸すほうにもメリットがある

他人の力を借りて、自分の利益になるようにすることを「他人のふんどしで相撲をとる」などといいます。どちらかというと、悪い意味合いで使うことが多いようです。

自社で独自の店舗開発をするのではなく、他社のお店の中に出店するという戦略は、見方によっては「他人のふんどしで相撲をとっている」ようなものですが、しかし決して自社だけに利益があることではありません。軒先を貸す側のお店にとってもメリットが大きい場合があるのです。

最近の100円ショップはとにかく集客力があります。そういう意味では、「あのショッピングビルの○階に、100円ショップができた」ということになると、その100円ショップを目当てにお客様が集まるということが期待できる部分もあるのです。私も、近所のショッピングセンターやショッピングビルなどに出かけることがよくありますが、そうした所に出店している100円ショップは、上階に出店していることが比較的多いという印象をもっています。これは「シャワー効果」を狙ったものだと理解しています。シャワー効果とは、シャワーの水が上から下に落ちてくるように、お客様をまず上層階に呼び込んで、それから順次下の階を回遊させて、よりたくさんのものを買ってもらおうという戦略のことです。よくデパートなどでは最上階あたりに催事場を設けて、「○○展」や「××物産展」といったイベントを開催します。これは、まずはそうしたイベントを目玉にして集客し、その帰りに、各階を回遊してもらおうという狙いがあります。

集客力のある店舗などを上層階に配置するのも、同様の理由によるものです。飲食店舗を上階に設定するのも、そうした狙いです。お客様は、まず目的の商品を扱っているフロアに行きます。婦人服を買う方はまず婦人服売り場へ、紳士服を買う方は紳士服売り場へ、ということです。しかし、何か特定のものを買う目的であっても、お腹がすけば食事をします。「食事する」という消費行動はみんなに共通です。目的の商品を買ってから食べるか、食べてから買うか、という違いはありますが、いったん上層階のレストラン・フロアに誘導できれば、そこからさらに帰りがけにいろいろなフロアを回遊する、ということが期待できるのです。

そんなわけで、集客力の高い１００円ショップは、ショッピングビルなどに出店する際には上層階に配置されることが多いのです。

冒頭の架空ストーリー「安藤利益の一日」でも触れたように、消費者は通常の店舗（スーパーや各種の専門店など）で価格を調べ、その上で100円ショップでも十分に目的を達成できる商品については100円ショップで買う、という消費行動をとることが多くなっています。そうした意味では、スーパーやデパートと、100円ショップは、競合関係にあるのですが、競合関係以上に補完関係を大切にすることで、お互いにメリットが生まれるということもあるのです。

自前出店より他人の軒先出店

テナント出店の狙いは不採算店舗の発生リスクを極力抑えられるということです。単独店舗を出店する場合には、商圏内の購買力を調査したり、緻密に売上計画を策定するなど、労力もばかになりませんが、それ以上に、万が一思うように売上が上がらなかった場合には、出店にかかった費用がすべて水泡に帰してしまいます。競争の激しい時代にあっては、このリスクはとても大きいです。

しかし、大型スーパーやショッピングセンターなどへのショップ・イン・ショップ方式で出店する場合には、商圏調査などは必要ありません。すでに、そのスーパーなり、ショッピングセンターに1日どれぐらいのお客様が来店しているかなどの基礎情報がありますから、これまでの実績データを比較すれば、それほど大きな狂いを生じない売上計画が立てられます。これは、出店する100円ショップ側にとっては、非常に大きなメリットだといえるでしょう。

特定の消費者層を対象とした小売店舗、たとえば高級ブランド・ショップなどの場合には、来店客数が多ければどんなショッピングセンターに出店しても構わないということにはなりません。そのショッピングセンターにどんな客層が多いのかといった分析が必要になります。

しかし、100円ショップは主婦層を中心としながらも、どちらかといえばオールターゲット、つまり老若男女を問わず、お金持ちかどうかも最近ではあまり関係なさそうです。つまり、すべての消費者がターゲットであるといっても過言ではありません。ですから、来店客の絶対数だけを基礎情報として、売上予測が立てられるのです。

現在では多くの100円ショップ・チェーンがありますが、中には単独出店を極力抑えて、積極的にショップ・イン・ショップ、つまりテナント出店を戦略の要にしているところもあるようで、非常に手堅い戦略だといえるでしょう。

第3節　仕入は変動費だが、人件費は固定費。減らすなら固定費だ

強い企業になるために

多少の景気低迷やデフレなどの悪条件下にあっても、簡単には倒産などしない強い企業があります。

ある時期を比較をすると、同じような売上高があり、同じような営業利益なのに、その後、一方の企業は多少の売上低迷にも堪えられて、別のある企業は簡単に倒産する。その違いは一体どこにあるのでしょうか。

実は、固定費と変動費がどうなっているかが、その分かれ道です。

固定費というのは、簡単にいうと、売上の増減に関係なく一定に発生する費用のことです。基本的には人件費や事務所家賃、コピー機などのリース料も固定費です。

これに対して変動費というのは、文字どおり、売上の増減に比例して増減する費用のことをいいます。売上原価は基本的には変動費ですし、商品を配送するための荷造り運賃なども変動費です。

細かく固定費・変動費に分けようとすると、たとえば電気代のうち基本料金部分は固定費で、電力使用料は変動費として扱うこともあります。基本料金は売上に無関係に一定ですが、使用料は忙しい時（売上が伸びている時）には増え、ヒマな時（売上が低迷している時）には減ると考えるからです。人件費についても、正社員の人件費は固定費だけれど、忙しい時だけ頼むアルバイトさんの給料は変動費、というように分けるケースもあります。

さて結論から先にいうと、固定費を低く抑えている企業は、固定費の割合が高い企業よりも、売上の低迷に強い、ということになります。

費用構成の違いで、売上変化への対応力が変わる

事例を使って、詳しく見ていきましょう。

ホビー用三輪バギーのメーカーが2社あります。A社とB社です。どちらも1台100万円の三輪バギーを作っています。製造原価つまり売上原価率もまったく同じ60％なので、1台あたりの原価は60万円になります。X月の損益計算書を見ると、まったく同じ内容でした（現実には、そんなことほとんどありえませんが）。

ところが、A社の人件費10億円は、正社員の人件費5億円と、アルバイト人件費5億円で構成されています。アルバイトさんは仕事が忙しい時だけスポットで雇っています。月産500台（売上にして50億円）までは正社員だけで生産可能です。注文がそれ以上増えた場合に、A社はアルバイトを投入します。生産台数が1000台増えるごとに1億円のアルバイト人件費が発生します。これに対してB社の人件費10億円はすべて正社員です。生産台数に関わりなく給料は一定です。どんなに忙しくてもアルバイトは使いません。

【X月の損益計算書】

売上高	100億円
売上原価	60億円
粗利益	40億円
人件費	10億円
事務所家賃	12億円
その他費用	10億円
営業利益	8億円

さて、この条件の時、売上が80億円まで減った場合のA社、B社の損益計算書を作成してみてください。

A社の場合、売上が80億円に減ったということは、生産台数が2000台減っていますので、アルバイト人件費は2億円減ります。よって、A社もB社も売上総利益は変わらないのですが、人件費に差が出て、結果的にA社は2億円の営業利益を計上できたけれども、B社は営業利益がゼロになってしまいました。

【A社の場合】

売上高	80億円
売上原価	48億円
粗利益	32億円
人件費	8億円
事務所家賃	12億円
その他費用	10億円
営業利益	2億円

【B社の場合】

売上高	80億円
売上原価	48億円
粗利益	32億円
人件費	10億円
事務所家賃	12億円
その他費用	10億円
営業利益	0億円

もし、売上の減少率が20%減ではなく、もっと大きな下げ幅だった場合、B社は確実に営業利益がマイナスになってしまいます。

営業利益の計算方法はすでに説明しました。もう一度確認しておきます。

売上高－費用（売上原価＋販管費）＝営業利益

ある時点で計算した時に、売上高・売上原価・販管費がすべて同額であれば、営業利益は同じになります。

しかし、費用の中にどれだけの変動費があって、どれだけの固定費があるか、ということによって、売上高に変化があった場合の営業利益が大きく変わってくるのだということを理解しておく必要があります。

ここでひとつだけ補足説明をしておきます。本来、製造業においては、製品の製造にかかる人件費は「労務費」といって、売上原価（製造原価）に含まれるものです。ですから、A社のアルバイト給料などは労務費に含まれるべきものなので「売上原価」なのですが、ここでは説明を単純化するために、すべてを「人件費」として、販管費の中に含めています。この点だけ本来の会計処理とは違うことを補足しておきます。

損益分岐点・限界利益という考え方

「損益分岐点」という言葉は聞いたことのある方も多いと思います。企業が最終的に利益も出ないが損もしない、という売上ポイントです。英語ではブレーク・イーブン・ポイントといいます（略称で「BEP」と記載することがあるので、「ベップ」と呼ぶこともあります）。

〝ブレーク・イーブン〟すなわち、プラスマイナス・ゼロということです。

損益分岐点は、図で書くとわかりやすくなります。B社の数字を使って、次に損益分岐点図表を作成してみます。

図2　損益分岐点図表

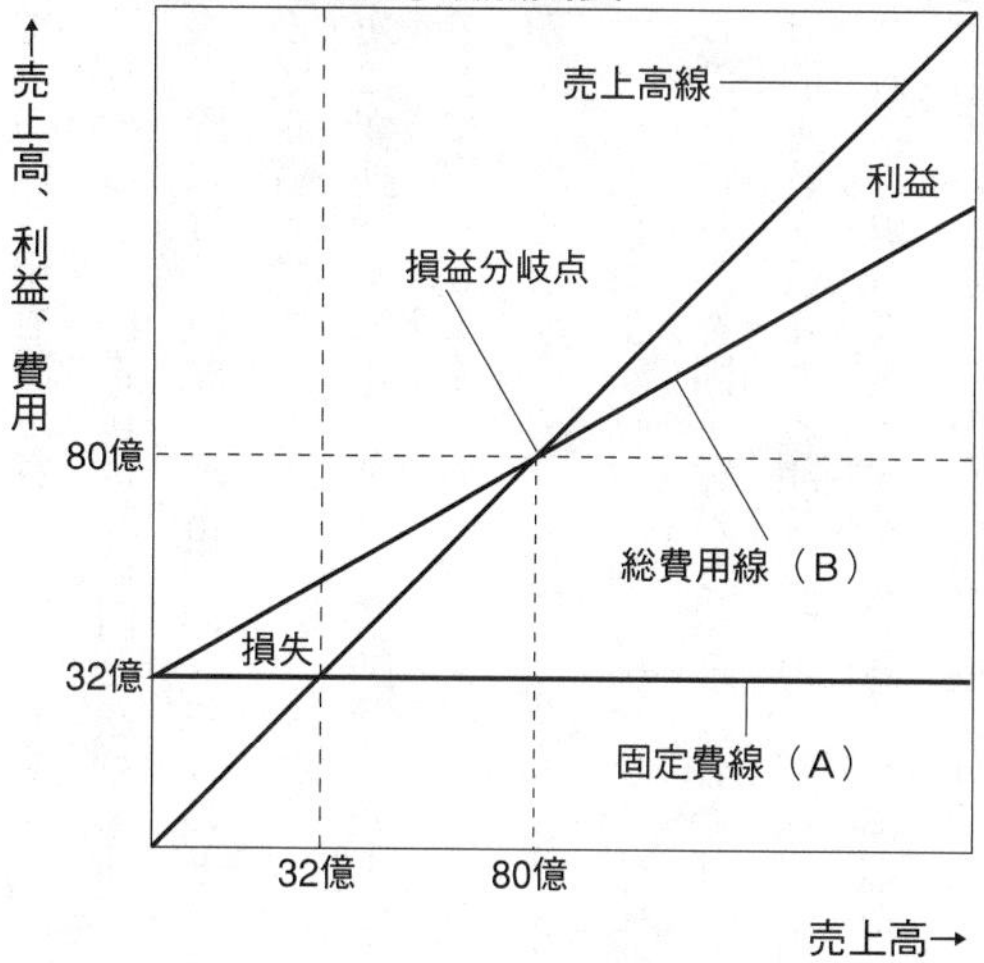

この図2の縦軸・横軸とも金額を指標にしています。ちなみに縦軸は「売上高・利益・費用」を表し、横軸は売上高だけを表しています。

①まず、右上に向かって、縦軸・横軸の金額が同じになるように直線を引きます。これが「売上高線」です。正方形で図表を作れば、45度の右肩上がりの直線になります。

②次に固定費線を引きます。固定費の定義を覚えていますか？　売上に関係なく、一定額かかる費用のことです。たとえば、前述の例でいえば、B社の販管費が固定費です。売上がゼロであっても、人件費や家賃は一定額発生するものだからです。ここで

は、その他費用も固定費だと仮定します。

そうすると、固定費は32億円となります。この32億円は売上に無関係に一定なので、図表で表す際には、縦軸の32億円のメモリのところから、真横に線が伸びることになります。これが固定費線です。

③次に変動費を加味します。変動費は売上に応じて一定割合で変化する費用です。売上原価がこれに当たります。事例でいえば、１００万円の三輪バギー1台売るのに、60万円の原価がかかってきますので、「横軸（売上）が１００万円増えると、縦軸（費用）が60万円増える」ように右肩上がりの直線を引きます。変動費線です。そして、変動費線の出発点（売上ゼロのところ）を固定費のところに合わせて、右肩上がりの直線にします。この時の変動費線は固定費を含んだ金額を表すので、「総費用線」と呼びます。

④これらの線分を表示すると、どこかに「売上高線」と「総費用線」が交差するポイントが必ず出てきます。この交点が「損益分岐点」です。売上高が80億円になったところがB社の損益分岐点、すなわち利益も損も出ないポイントだということがわかります。

実際、すでに説明したとおり、B社は売上高が１００億円から、80億円に減った時点で、営業利益がゼロになってしまいました。

この損益分岐点は、計算式によっても求めることができます。次のような式になります。

固定費 ÷（1－変動費率）＝損益分岐点売上

「変動費率」というのは、売上の中で変動費が占める割合です。B社の損益構造では、１０００万円の売上のうち、60万円の製造原価が変動費なので、０・６（60％）となります。そして、固定費は販管費のすべてなので、32億円です。これを算式に当てはめると、次のとおりです。

32億円（固定費）÷（1－0・6）（変動費率）＝80億円（損益分岐点売上）

損益分岐点図表と同じ80億円と算出されました（当たり前ですが）。

これが損益分岐点の考え方です。損益分岐点を意識して、正しく理解しておくことは、事業を推進する上では、とても重要です。この際、先の公式はしっかりと覚えてしまってください。

キーポイントは、費用分解

損益分岐点を導き出す上でキーポイントとなるのは、費用を固定費と変動費に分解することです。これができなければ、損益分岐点を明確にすることができません。

費用分解の考え方自体は決して難しいものではありません。あくまでも、「売上の変化に連動して増えたり減ったりする費用」なのか、「売上の増減に関係なく一定に発生する費用」なのかという視点で分類すればよいのです。

簡単なことでありますが、注意すべき点もあります。そのひとつが、すでに触れたように、同一項目の費用であっても、そのうちのある部分が固定費で、ある部分が変動費となる場合があることです。代表的な例として電気代などを挙げました。基本料金は固定費ですが、使用電力量にかかる料金は変動費、といったことです。これは、「準変動費」と呼ばれます。ただし、この準変動費は場合によってはすべて変動費として扱ってしまうこともできます。

さらにもうひとつの注意点は「準固定費」という考え方です。準固定費というのは、一定のレベルまでは発生する費用額が一定だが、あるレベルを超えると、増大する費用のことです。具体的には、事例で説明したA社のアルバイト人件費です。

図で表現すると、図3のようになります。

生産台数5000台（売上高50億円）までは、ゼロですが、5001台から6000台までは一律に1億円、さらに千台単位で1億円ずつ増えていきます。

これを図表で表す場合は、図3のように固定費線が階段のような形になりますが、それ以外の部分は通常の損益分岐点図表の図2（83ページ）と同じです。

図3　準固定費の概念図

↑費用
売上高がある規模に達すると、それに伴って費用が一定額増大する。
売上高→

たくさん店員がいても、給料を少なくする方法

さて、事例A社は、人件費の一部を準固定費という形にすることで、B社に比べて利益の出しやすい体質になっていました。

本来、固定費であるべき費用を、売上の増減に合わせて変動させることのできる費用に切り替えられれば、強い利益体質の企業にすることができます。完全に変動費化できなくても、一定の売上規模に応じて変化する準固定費化することができれば、それはそれで利益体質を強化できます。

しかし、もっと究極の利益体質の強化策があります。それは、「給料を払わなくてもいいスタッフを用意する」ことです。そんなことできるのか、と疑問に思うことでしょう。確かにすべての企業で可能な方法ではありませんが、それを実践している企業があります。それは、家電量販店です。

実は家電量販店で商品説明などをしてくれる販売スタッフは、全員が全員、その家電量販店の社員というわけではありません。量販店の販売スタッフの中には、家電メーカーなどからの応援要員がいて、彼らはあくまでも取引先への支援という名目で店舗内での販売促進活動を行なっているのです。このヘルパーと呼ばれる要員は、あくまでも家電メーカーの社員であり、当の家電量販店は人件費がかかっていないのです。ただし、メーカーから派遣されるヘルパーは、あくまでも当該メーカーの商品に関する機能説明などをサポートすることが大前提で、実際の販売業務を行なわないことが原則です。しかし、従業員とまったく同じように働くわけではないといっても、一定の商品知識やある程度の専門知識が必要となる商品説明を全く人件費のかからない方法で賄えるというのは、販売店としての利益構造を考えれば、非常にメリットが大きいことは、誰が考えても明らかでしょう。

これはある意味で、究極の人件費削減策といえるかもしれません。

家電量販店が、一般の電気屋さんに比べてとても安い価格で商品を販売できるのは、100円ショップと同様に、大量仕入によって、商品の仕入コストを低く抑えているという側面があるのは事実ですが、それに加えて販売スタッフの人件費コストについても、上手に削減する方策をもっているからだということもあるのです。

大量仕入という方法によって仕入原価という変動費を低く抑え、なおかつヘルパーを有効活用することで、本来固定費となる人件費も抑えこむ。100円ショップにも増して、家電量販店の損益構造も、非常に興味深いものだといえるでしょう。

限界利益という考え方

さて、損益分岐点について理解できたところで、もうひとつ重要な考え方を取り上げましょう。それは「限界利益」というものです。損益分岐点とセットで理解しておくと、とても有効です。

限界利益というのは文字どおり、これ以上は利益が増えないという「利益の限界」のことです。たとえば、製造原価60万円の三輪バギーを100万円で売っている場合、そのバギーが1台売れると、製造原価60万円を差し引いて40万円の粗利益が出ます。逆にいえば、10

0万円のバギー1台の販売で生み出すことのできる粗利益は40万円が限界ですね。これが限界利益です。

売上高100億円で、その売上原価が60億円のB社の場合、限界利益は40億円となります。

なんだ、粗利益のことか、と思った読者も多いことでしょう。おおむねの理解としては、それで問題ありません。厳密に言うと、限界利益＝粗利益（売上総利益）では必ずしもないのですが、そこまで会計的な細かいことは知らなくても大丈夫です。ここでは、おおむね、「限界利益＝粗利益」だと理解しておいてください。

限界利益は、次の計算式で求められます。

①限界利益＝売上高－変動費

商品を仕入れて販売するようなビジネスの場合には、変動費はほぼ商品仕入原価ですから、「売上高－売上（仕入）原価」で求められる売上総利益（粗利益）と、ほぼ同じになります。

しかし、実際には、費用分解によって変動費と固定費を分けた際に、売上原価以外の変動費が存在することもあり、その場合は「変動費＝売上原価」ではない場合もありますので、すでに説明したとおり、「限界利益＝売上総利益」では必ずしもない、ということになるのです。

さて、それはそれとして、限界利益と損益分岐点の関係性を見ていきましょう。

そもそも、損益分岐点を単純な計算式で表すと、次のようになります。

②損益分岐点売上＝変動費＋固定費

変動費と固定費のすべてを賄えるけれども、利益が出ない売上高が損益分岐点売上です。つまり、固定費に変動費を加えて総費用と売上高が一致するポイントということです。この計算式の「変動費」を上の辺にもっていくと、次のような計算式に変化します。

③損益分岐点売上－変動費＝固定費

この式の「損益分岐点売上」を、たんに「売上高」と読み替えると、すでに説明した①の限界利益の計算式と同じになります。つまり、ある売上が達成されている時、その売上から変動費を差し引き、その額が固定費とイコールになれば、それが損益分岐点売上です。そして、それは限界利益（売上高−変動費）が固定費とイコールになる売上と同じであるということなのです。

財務諸表を分析する際には、いろいろな見方をすることができます。重要な分析指標については、第6章で紹介しますが、ここでは損益計算書だけを使って分析することのできる、損益分岐点分析と、限界利益の考え方について説明しました。

これを知っているだけで、その企業がどれだけ不況に強いのか（売上がどの程度低下しても、利益を出し続けられる、あるいは損益が均衡するか）ということを見極めることが可能になるのです。

是非、覚えておいてください。

第4章　「高級バー」より「立ち飲み屋」のほうが資金繰りが楽!?

第1節　掛け売りより現金ショーバイのほうが儲かる理由

ショーバイの基本は、「掛け売り」か「現金ショーバイ」か

企業の中で働いていると、「掛け売り」という方法が当たり前になってしまって、あたかもそれが商売の基本的な約束事であるかのように思ってしまいます。

ところが、飲食店にしても、コンビニエンス・ストアにしても、あまり「掛け」で買う人はいません。〝あまり〟というか、〝ほとんど〟いないといっていいでしょう。

では、どちらが商売としてあるべき姿なのか、というと、やはり「現金ショーバイ」こそが、本来のあるべき姿だといっていいのではないかと思います。

商売の基本のひとつに、「少ない元手で、大きく儲ける」ということが挙げられます。ここでいう「元手」とは、資本金という意味合いもありますが、この元手の意味を、「自分が持ち出すお金」と考えると、現金ショーバイのほうがあるべき姿だということが理解できると思います。

ここで、2つのお店を比較してみましょう。ひとつは高級バーです。お客様がＶＩＰばかりで、彼らは現金よりもクレジットカードで支払いをします。もうひとつのお店は立ち飲み屋です。最近ではスタンディング・バーといって、若い人たちの間でも、ちょっとしたブームのようです。こちらのお店は一品一品の単価も安く、クレジットカードを取り扱っていないので、お客様はみな現金払いです。

さて、高級バーのほうは、１日の客数がわずかに10組です。ただし、１組あたりの平均支払い額（客単価ですね）は、10万円です。ですから、売上高は１日１００万円となります。しかし、支払いはすべてクレジットカードでなされますので、店にカード会社から入金されるのは、月末締めの翌月末日です。しかし、商品であるお酒は近所の酒屋から現金で仕入れており、前日の消費量を見て、毎日補充しています。売上に対するお酒の原価率は20％なので、１００万円の売上に対して、20万円の仕入が必要になります。

かたや立ち飲み屋は、平均客単価が１組５０００円程度です。ただし、みな短時間で次の店へと繰り出していきますので、客の回転率は高く、１日で１００組の来店があります。売上にすると、１日50万円です。それでも高級バーの半分しかありません。立ち飲み屋もやはりお酒の仕入は近所の酒屋で、現金仕入であることも同じです。売上に対するお酒の原価率はやはり20％ですから、前日の売上が50万円であれば、10万円分の仕入費用がかかります。

実際の商売では、お酒だけ仕入れて、お酒だけ販売するなんてことはありませんが、ここは話を単純化するために、それ以外の要素は無視しています。

次ページの表3を見てわかるとおり、高級バーは1カ月営業して、現金残高は△600万円です（△はマイナスの意味でしたね）。これに対して、立ち飲み屋の現金残高はなんと1200万円にもなります。もちろん、売上高だけで比べたら、高級バーは3000万円もあるのに、立ち飲み屋はその半分の1500万円しかありません。それなのに、高級バーは現金が600万円もショートしてしまっており、逆に立ち飲み屋は1200万円の現金が手元に残っているわけです。

これが一体、何を意味しているか、わかるでしょうか。

少々乱暴な言い方をすれば、「高級バーは1200万円の元手が必要だが、立ち飲み屋は元手ゼロでも始められる」ということです（3月1日に開店したとすると、3月末日がクレジットカードの締め日となり、その分の入金は4月末日ですから、高級バーは4月末まで一切入金がありません。ですから、2カ月分の費用を元手として用意する必要があるのです）。

現実には、お店を借りれば月々の家賃が発生しますし、最初に保証金なども必要となります。また、店舗の改装費や一番最初の仕入代金などもありますから、実際に元手ゼロで始められ

表3　高級バーと立ち飲み屋の1ヵ月のお金の動き

高級バー

	売上	入金	仕入費用	現金残高
1日	1,000,000	0	200,000	-200,000
2日	1,000,000	0	200,000	-400,000
3日	1,000,000	0	200,000	-600,000
4日	1,000,000	0	200,000	-800,000
5日	1,000,000	0	200,000	-1,000,000
⋮	⋮	⋮	⋮	⋮
25日	1,000,000	0	200,000	-5,000,000
26日	1,000,000	0	200,000	-5,200,000
27日	1,000,000	0	200,000	-5,400,000
28日	1,000,000	0	200,000	-5,600,000
29日	1,000,000	0	200,000	-5,800,000
30日	1,000,000	0	200,000	-6,000,000
合計	30,000,000	0	6,000,000	-6,000,000

立ち飲み屋

	売上	入金	仕入費用	現金残高
1日	500,000	500,000	100,000	400,000
2日	500,000	500,000	100,000	800,000
3日	500,000	500,000	100,000	1,200,000
4日	500,000	500,000	100,000	1,600,000
5日	500,000	500,000	100,000	2,000,000
⋮	⋮	⋮	⋮	⋮
25日	500,000	500,000	100,000	10,000,000
26日	500,000	500,000	100,000	10,400,000
27日	500,000	500,000	100,000	10,800,000
28日	500,000	500,000	100,000	11,200,000
29日	500,000	500,000	100,000	11,600,000
30日	500,000	500,000	100,000	12,000,000
合計	15,000,000	15,000,000	3,000,000	12,000,000

るわけではありません。しかしここでは話を単純化するために、それ以外の与件は一切無視していますので、その点はご了承ください。

重要なのは、売上が上がっても、お金自体を回収できなければ、本当に儲かったとはいえない、ということです。また、その売上をお金で回収する以前に、売上を獲得するために必要な費用の支出があるのなら、その分は場合によっては借金で賄わなければなりません。

そんなこと当たり前だと思うかもしれませんが、その当たり前のことが、企業活動においては、あまり意識されないことが少なくありません。もちろん、経営者の方は、自社の資金繰りに責任がありますから、そういうことをしっかりと意識しているものですが、現場の社員となると、意外にそれほど深刻には考えない傾向があるようです。

ここで説明した構図は、当然のことながら企業会計においても当てはまるものです。企業会計でいえば、クレジットカードで支払われる代金は「売掛金」に当たります。企業間の取引は1カ月の間に1回ポッキリで終わるとは限らず、月のうちに何回となく、売ったり買ったりという商行為を繰り返します。そんな状況で1回の取引ごとにお金を払ったり、もらったりしていては効率が悪いので、1カ月間の取引を全部まとめて、月末に請求し、一定の期間の後に一括で支払ってもらうことで、取引の精算を効率化してしまおうという発想で生まれたのが「売掛金」であり「買掛金」です。売掛金が、売ったものの代金を後で回収するのに対して、買掛金は、買ったものの代金を後払いすることです。企業にとって売掛金は「将来的にお金をもらえる権利」であり、買掛金は「将来的にお金を支払う義務」だと考えるとわかりやすいかもしれません。

「売掛金回収は早く、買掛金支払いは遅く」の原則

入ってくるお金をできるだけ早く回収し、出て行くお金の支払いはできるだけ遅らせる。これが資金繰りを好転させる重要な原則です。理想をいえば、売掛金の回収期間が、常に買掛金の支払い期間よりも短ければ、資金繰りはとても楽になります。例に挙げた高級バーと立ち飲み屋でいえば、立ち飲み屋がその状況です。これが逆転すると、企業は常に支払いが先行するわけですから、支払い資金の手当てを考えなければならないのです。

ここで、ひとつの疑問を感じた読者もいるかもしれません。確かに、最初の段階では売掛金の回収がないのだから、資金繰りに苦労することになるが、最初だけ辛抱すれば、その後は回収した売掛金を次の支払いに当てられるようになり、資金繰りは楽になるはずだ、と。

そのとおりです。高級バーの場合も、クレジットカード会社からの入金が始まる２カ月目

以降は資金が回り始めます。

月単位での現金の動きを整理すると、次ページ表4①のようになります。

毎月の売上が一定だとした場合には、累計月末現金残高は毎月700万円ずつ増えていきますので、マイナス幅はどんどん縮小し、ついに7月末にはプラス500万円となります。つまり、最初に2300万円の元手を用意できれば、それ以上の元手は必要ではなく、あとはどんどんお金が増えていくということです。

次に表4②を見てください。この店が業績好調で、毎月2・5倍の勢いで売上が伸びて行った場合の現金の動きを表しました。

売上原価率が変わらずに20%で、固定費が一定だとすると、売上が大きくなる分、利益額も大きくなりますから、現金のマイナスも①より1カ月早く解消でき、6月末からはプラスに転じています。

ところが、4月末の現金残高は△2500万円となり、前月の2300万円よりも増えています。つまり、こちらの場合だと、最初の元手が2300万円ではまだ足りないということになります。売上が大きくなり、計算上の利益も増えているのに、上げ幅が大きければ大きいほど、資金繰り的にはむしろ厳しくなっているのです。これが企業経営の難しいところ

表4　月単位での高級バーの現金の動き

①

	3月末	4月末	5月末	6月末	7月末
売上金（売掛金）	30,000,000	30,000,000	30,000,000	30,000,000	30,000,000
入金	0	30,000,000	30,000,000	30,000,000	30,000,000
仕入費用	6,000,000	6,000,000	6,000,000	6,000,000	6,000,000
人件費・家賃等経費	17,000,000	17,000,000	17,000,000	17,000,000	17,000,000
累積月末現金残高	-23,000,000	-16,000,000	-9,000,000	-2,000,000	5,000,000

②売上が2.5倍に増え続けると……

	3月末	4月末	5月末	6月末	7月末
売上金（売掛金）	30,000,000	75,000,000	187,500,000	468,750,000	1,171,875,000
入金	0	30,000,000	75,000,000	187.500,000	468,750,000
仕入費用	6,000,000	15,000,000	37,500,000	93,750,000	234,375,000
人件費・家賃等経費	17,000,000	17,000,000	17,000,000	17,000,000	17,000,000
累積月末現金残高	-23,000,000	-25,000,000	-4,500,000	72,250,000	289,625,000

でもあります。業績が急成長することはとても喜ばしいことなのですが、それは同時に資金繰りに四苦八苦する可能性もあるということなのです。

もちろん、短期的に厳しいというだけで、お金の回収が順調に進めば、中長期的に見て〝儲かる〟ことは間違いありません。

企業間の取引においては、売掛金・買掛金は当たり前です。ずっとそういう商慣習になっています。それは仕方のないことなのですが、だからといってそのままにしていいということにはなりません。ではどうすればいいのでしょうか。簡単です。すでに述べたとおり、「売掛金は早く回収し、買掛金の支払いはできるだけ遅く」という原則を可能な限り実践すればよいのです。そして「売掛金は早く回収」の究極が現金ショーバイなのです。すでに売掛・買掛で取引しているものを、いきなり現金ショーバイに変えよ、といっているわけではありません。取引先に対して、正当な理由もなく、「支払いを遅くします」とか「回収を早めます」なんていっても、取引を打ち切られるだけでしょうから。

ただ、重要なのは、そうしたお金の流れの基本を理解しておくということです。

勘定合って銭足りず、「黒字倒産」という不思議

みなさんも「黒字倒産」という言葉を聞いたことがあると思います。財務会計の基本的な構造を理解していないと、〝なぜ、黒字なのに倒産するのだろう?〟と、不思議に思うことでしょう。

これはまさに、いま説明した売掛金の回収が遅れることで発生し得ることなのです。

会計処理の原則に「発生主義」というものがあって、売上や経費の計上は、実際のお金の回収や支払いとは無関係に、取引が成立した時点で行なうということが決められています。

つまり、8月10日に100万円の売上が発生したら、その回収がたとえ10月末日であっても、8月に売上計上しなさい、ということです。この原則に従うと、損益計算書上は利益が

出ている（黒字になっている）のに、実際には現金が入っていないという状況が生まれます。

すでに説明したとおり、売掛金の回収が買掛金の支払いよりも早ければ、お金は回っていきますが、もし売掛金の回収が、買掛金の支払いよりも遅くなると、金融機関から融資などを仰いで支払わなくてはならないということになります（支払い先にお願いして支払いを先延ばしにしてもらう、ということはここでは考えません）。そして、もし金融機関からの融資を受けられなければ、支払いができずに、最悪の場合「倒産」という事態に追い込まれてしまうわけです。

ふだん、当たり前の商慣習として使っている「売掛・買掛」ですが、実はしっかり管理していないと、大変な事態になるのだということを肝に銘じておいてください。

第2節　貸借対照表で見えてくるもの

「売掛金・買掛金」の状況はどうやって把握するのか

売掛金や買掛金の管理が、企業の運営に非常に重要なポイントであることは理解していただけたと思います。では、どうやって管理すればいいのでしょうか。

第3章で説明した損益計算書には、売掛金も買掛金も出てきませんでした。実は、売掛金や買掛金は資産勘定・負債勘定といって、「貸借対照表」に用いられる勘定科目です。

貸借対照表というのは、財務諸表のひとつで、ある時点でその企業などが持っている財産の状態を示しています。財産の状態というのは、平たく言えば、現金をいくら持っていて、商品をいくら分持っていて、借金がいくらあるか、というようなことです。

この貸借対照表というのは、左右2つに分割されていて、左側は「資産の部」といって、文字どおり「資産（財産）」をどういう形でいくら持っているかということを表現しています。そして、右側は「負債・純資産の部」といって、いま現在（貸借対照表の作成時点）、その資産（左側に書かれている財産）はどういう性質のお金で買ったのか、ということが書かれています。お金の性質とは、つまり、自分のポケットマネーなのか、どこかからの借金なのか、という意味です。

そして、左側（資産）の合計金額と、右側（負債・純資産）の合計金額は必ず同じになります。

たとえば、あなたは自分のお小遣いを3万円持っています。いま欲しい腕時計があるのですが、それは4万円します。自分のお小遣いだけでは足りないので、来月のお小遣いから返すことを条件に、奥さんから1万円借りて、4万円の腕時計を買いました。

さてこの時、あなたの貸借対照表はどうなっているでしょうか。それを表したものが、図4です。いまあなたが持っている財産は4万円の腕時計です。それが左側に書かれています。

そして、その腕時計を買った4万円はどういう性質のお金かというと、4万円のうち3万円は自分のお小遣い、そして1万円は奥さんからの借金ということですから、右側にそのように記載されます。

図4　簡単事例

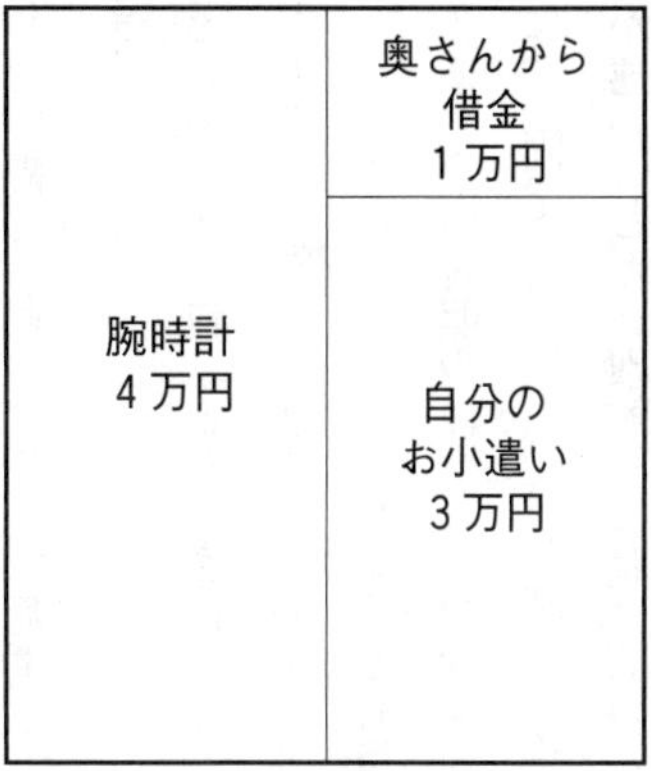

これが貸借対照表の基本形です。この基本形を少々小難しくすると、企業会計で使用している財務諸表としての貸借対照表になるのです（107ページ表5）。

仕事を進めていくためには、お金が必要です。企業はまずはじめに「資本金」というお金を用意します。もし、資本金だけで足りなければ銀行から融資を受けるなどして、仕事の遂行に必要な金額を揃えます。そうしないと仕事ができませんから。これを専門用語でいうと「調達」ということになります。

資本金も調達ですし、借金も調達です。ですから、これらの勘定科目はすべて右側に記載されます。

そして、その資本金などを使って、仕事の遂行に必要な道具を買ったり、商品の仕入をしたりします。お金は次々に、お金以外のものに姿を変えていきます。また、一部はお金のままで、つまり現金で残されることも当然あります。

さて、貸借対照表には「流動性配列の原則」という決まりごとがあります。流動性というのは、「固定しないで、流れ動く」ことだと辞書に書かれています。会計的には現金化の動きが速いことだと理解しておけばいいでしょう。

貸借対照表はこの原則に従って、現金化しやすい項目から順に記載されます。資産の部を見ると、大きく2つに分かれています。【流動資産】と【固定資産】です。流動資産は原則として1年以内に現金化できる資産であり、固定資産は1年以上現金化しない（されない）資産です。そして、【流動資産】の中身を見ていくと、さらに現金化しやすい順番に列記されています。「現金及び預金」は、そのまま現金のようなものなので、一番上です。次に「受取手形」「売掛金」「製品（商業など「棚卸資産」）」と続きます。

負債・純資産の部の「負債」項目も同様です。まずは1年以内に動くのかどうかで、大き

表5　貸借対照表の基本形

科　目	金　額	科　目	金　額
（資産の部）		（負債の部）	
流動資産		流動負債	
現金及び預金	○○○	支払手形	○○○
受取手形	○○○	買掛金	○○○
売掛金	○○○	短期借入金	○○○
製品	○○○	未払費用	○○○
原材料	○○○	賞与引当金	○○○
その他	○○○	その他	○○○
固定資産		固定負債	
有形固定資産		社債	○○○
建物	○○○	長期借入金	○○○
機械装置	○○○	退職給付引当金	○○○
車両運搬具	○○○	負債合計	○○○○
土地	○○○	（純資産の部）	
無形固定資産		株主資本	
特許権	○○○	資本金	○○○
施設利用権	○○○	資本剰余金	○○○
その他	○○○	利益剰余金	○○○
投資その他の資産		自己株式	○○○
投資有価証券	○○○	評価・換算差額等	○○○
子会社株式	○○○	新株予約権	○○○
その他	○○○	純資産合計	○○○○
資産合計	○○○○○	負債・純資産合計	○○○○○

く【流動負債】と【固定負債】に分けられます。そして流動負債については、さらに現金化（こちらの場合は現金にして支払うわけですが）の早いものから順に列記されています。

最後に「純資産の部」です。以前は「資本の部」と言われていました。文字どおり、資本金などを記載する欄だったからです。しかし、平成18年の法改正で、「純資産の部」

と名称が変わりました。名称は変わりましたが内容は変わりません。ここでいう純資産（純粋な資産）というのは、資本金やそれに準ずるものです。ひとつひとつの細かい勘定科目についてはあえて説明しませんが、「純資産の部」で重要なポイントは、企業がその年1年間の事業活動によって利益を生み出した場合、その利益は純資産の部に記載されるということです。純資産の部の下に書かれている「利益剰余金」の中に含まれています。また、その年以前に獲得した利益も「利益剰余金」の中に含まれます。つまり、利益剰余金は、これまでの企業活動によって生み出された利益のうち、企業内に残っているもののすべてだと考えるとよいでしょう。

良い貸借対照表・悪い貸借対照表

損益計算書の見方は比較的簡単でした。「利益」が出ているかどうかを見れば、ある意味で十分だったからです。

しかし、貸借対照表はそれほど単純ではありません。とはいっても、構える必要はありません。貸借対照表の良し悪しを見極めるポイントは、損益計算書ほどには単純でないとしても、それほど難しいものではないのです。

貸借対照表を簡単に分析するためには、書かれている数字（金額）をひとつひとつ見る前に、全体的な構造としてどうなっているか、ということが重要です。それさえ見ることができれば一定の分析はできてしまいます。そして、全体像を把握するためには、貸借対照表を図形化してしまうのが一番手っ取り早い方法です。

まずは、貸借対照表の基本形をいくつか説明しておきます。

１１１ページの図５を見てください。①から④までの貸借対照表が並んでいます。それぞれの状況は見ていただければわかると思いますが、念のため簡単に説明を加えておきます。

①は、流動資産が負債全体（流動負債＋固定負債）よりも大きい状況。②は、流動資産が流動負債よりは大きいが固定負債を含む負債全体よりは小さい状況。③は、流動資産が流動負債よりも小さい状況。④は、いわゆる債務超過といわれる状況です。

①健全で優良な財務体質

流動資産は1年以内に現金化できる資産だといいました。流動負債は逆に1年以内に支払わなければならない負債であるということも。

いま、この企業は、流動資産が流動負債と固定負債を合わせた金額よりも大きいので、単純な言い方をすれば、1年以内にすべての負債を返済できてしまう体力があるということになります。もしあなたが、この企業を取引先にしているのなら、安心して取引できる企業だと判断してよいでしょう。どんどん取引を拡大していい相手先です。

②健全な財務体質

流動資産が流動負債を上回っているので、当面の間（少なくとも1年ぐらいは）、支払いが滞るような心配のない財務体質だといえます。1年以内に入ってくるお金で、1年以内に支払わなければならない負債を全部支払って、なおいくらかは手元にお金が残る企業だということです。健全だといってよいでしょう。

③ちょっとアブナイかもしれない財務体質

この形になると、ちょっと不安が残ります。何しろ、1年以内にお金になる財産だけでは、1年以内に返済しなければならない流動負債を払い切れないからです。もっとも、この後のがんばり次第では挽回も十分に可能な企業なので、注意しながら取引を続けるというのも、ひとつの選択肢です。ただし、少しでもまずい兆候があったら（たとえば、所定の入金日に入金がないことが数回続くとか）、その後の取引継続は慎重に考えたほうがいいかもしれません。

④債務超過の状況

実際の貸借対照表は、科目ごとに金額が記載されているだけで、左右の合計額はイコール

図5　貸借対照表の基本形4つ

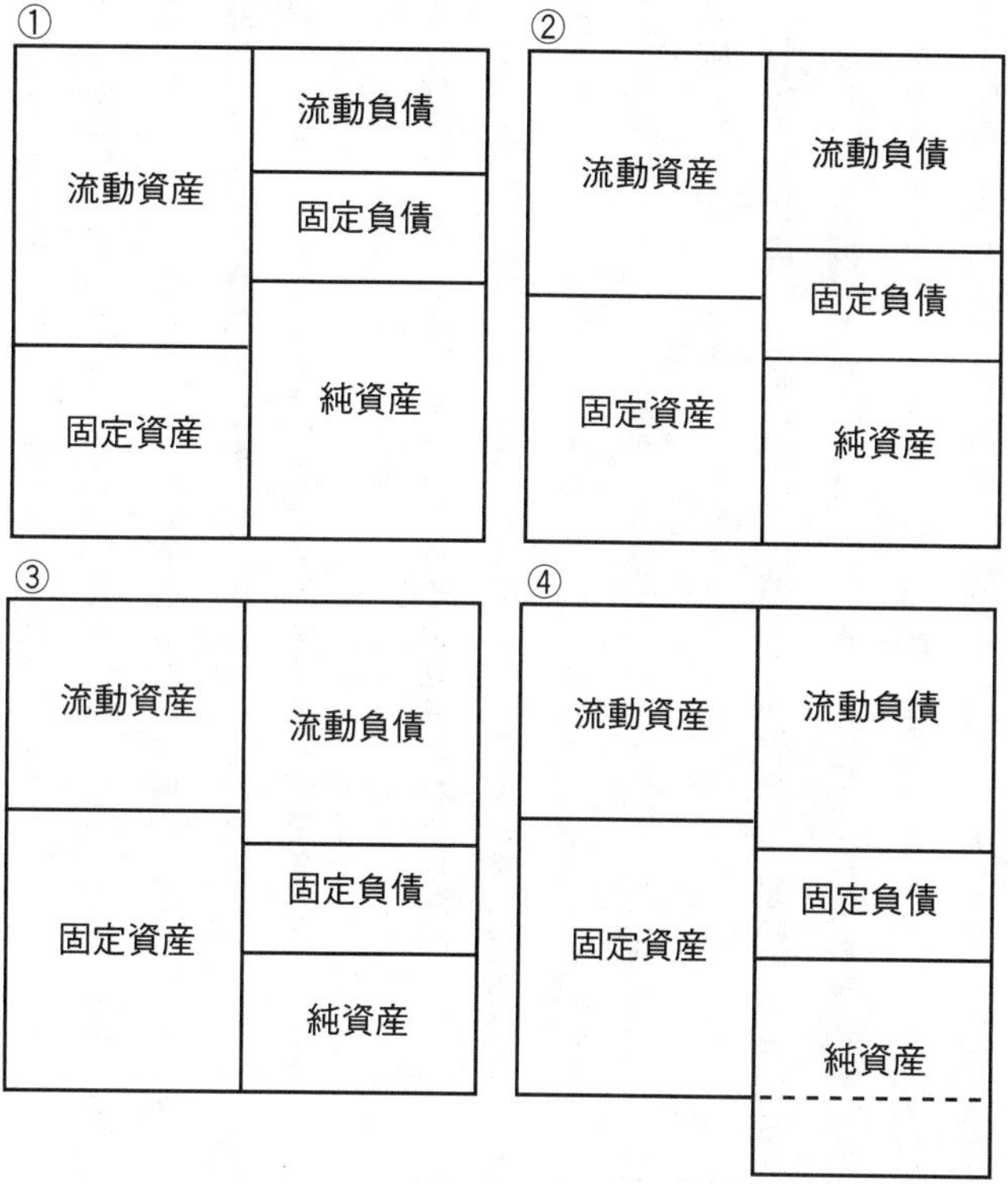

です。図のように、右側（負債・純資産の部）が、左側の大きさよりも下に長くなるということはありません。模擬的に表現しているのでこうなっています。実際の貸借対照表では、純資産の部の剰余金がマイナスの金額で表示されます。

さて、この企業は、端的にいってしまうと、持っている資産の価値よりも借金のほうが多いという状況です。

もう危険信号が点滅しているといっていいでしょう。もしあなたの取引先がこういう状況になっているとしたら、その後の取引はかなり慎重にするべきです。

非常に大雑把な貸借対照表の見方を説明しましたが、会計初心者としては、この程度の見方がわかるだけでも、十分仕事に活用することができるはずです。

貸借対照表だけでは現金ショーバイの良さがわからない

さて、「売掛・買掛」をきっかけにして、3大財務諸表のひとつ「貸借対照表」の構造を理解されたと思います。しかし、この章のテーマである「高級バーより立ち飲み屋のほうが資金繰りが楽」ということがもうひとつつかみにくいと思います。なぜなら、貸借対照表で見る限り、カード売上だけの高級バーであれ、現金ショーバイをしている立ち飲み屋であれ、貸借対照表的には、「流動資産」が増えるばかりで、悪いことは何もないからです。

ちなみに、高級バーの売上は、いったん売掛金という形で流動資産に計上され、1カ月後に現金が入金されると、入金された分の売掛金はなくなり、かわりに現金に変化します。売掛金が現金に変わるだけなので、流動資産自体の大きさは変化しません。立ち飲み屋にいたっては、最初から現金で入ってくるのですから、最初から最後まで「現金」勘定に計上されることになり、なおさらです。

お酒の仕入は常に現金仕入ですから、負債側の買掛金が増えることもありません。だからどんどん流動資産が増えていき、貸借対照表的には、優良企業の財務体質に近づいていきます。

そこで登場するのが、キャッシュフロー計算書です。キャッシュフロー計算書が理解できると、売掛金の発生しない立ち飲み屋のような現金ショーバイのほうが、売掛金が発生する高級バーよりも、優れていることがわかります。

なぜなら、キャッシュフロー計算書上では、「売掛金は悪者」だからです。次の節から、キャッシュフロー計算書について見ていくことにします。

第3節　キャッシュフロー計算書でわかること

現金のようで現金じゃない

キャッシュフローとは、文字どおり、「お金の流れ」のことです。ここでいうキャッシュは、厳密な定義でいうと、「現金及び現金同等物」のことを指します。たんに現金ではありません。現金については説明の必要はないと思いますが、「現金同等物」について、ちょっと説明しておきます。雑ぱくにいえば、ほぼ現金と同じだけれど、現金に比べると多少は現金化までに時間がかかるもの、という説明がふさわしいかもしれません。具体的には、次のような区別になります。

現金——①手許現金
　　　②普通預金
　　　③当座預金
　　　④通知預金

現金同等物——①3カ月以内に満期日が到来する定期預金など

第3章で解説を加えてきた損益計算書は、実際のお金の動きとは無関係に取引ベースで、儲かったのか儲かっていないのかを確認する財務諸表だったわけです。実際のお金、すなわち現金の動きをある意味で無視しているために、損益計算書上は儲かっているのに、支払いに当てる現金が不足して「黒字倒産」のような事態が発生するわけです。

そこで、そうした矛盾が生じないように、お金の流れを基本として、本当に儲かっているのか（お金が増えているのか）、儲かっていないのか（お金が減っているのか）を把握しようというのがキャッシュフロー計算書なのです。

キャッシュフロー計算書の基本構造を理解する

キャッシュフロー計算書は、大きく3つのブロックに分かれています。その3つとは、「営業キャッシュフロー」「投資キャッシュフロー」「財務キャッシュフロー」です。なんか、専門用語が立て続けに登場すると、それだけでギブアップしたくなりますが、あまり難しく考える必要はありません。要は、「通常の営業活動でキャッシュが増えたか減ったか」を表すのが営業キャッシュフローであり、工場用地を買うとか、逆に機械設備を売るなど「投資活動によるキャッシュの増減」を表したものが投資キャッシュフロー、そして、銀行融資などによってキャッシュが増えたとか、逆に返済をしたのでキャッシュが減ったとか「財務活動によるキャッシュの増減」を表したのが財務キャッシュフローです。ただそれだけのことです。

この3つの中で、もっとも重要なのは営業キャッシュフローです。営業キャッシュフローはすでに説明したとおり、通常の営業活動によってどれだけのキャッシュを生み出したか、ということを表現しています。つまり、損益計算書でいうところの営業利益のように、本業での儲けを表しているのだと考えてください。ですから、ここが重要です。これがマイナスということは、本業活動による儲けがない、ということになるのです（ここでいう儲けとは、損益計算書的な利益ではなく、キャッシュが増えることを指しています）。

さて、キャッシュフロー計算書を作成する方法は2つあります。このあたりも理解を難しくしている原因だと思うのですが、ここでは作成方法について事細かに説明することはしません。そんなことをすれば、かえって理解しにくくなるでしょうから。会計初心者としては、「キャッシュフロー計算書の作成方法には、直接法と間接法の2種類がある」ということだけ覚えておけば十分です。もし面倒だったら、そのことは忘れても構いません。

次ページにキャッシュフロー計算書のひな型を掲載していますが、これは間接法に基づくものです（表6）。

○営業キャッシュフロー

営業キャッシュフローを計算する際の出発点は「税引き前当期利益」です。これに、順次、

表6　キャッシュフロー計算書（間接法）の基本形

①　営業キャッシュフロー	
1.税引き前当期利益（＋）	××××円
2.減価償却費（＋）	××××円
3.売上債権の増加（ー）	××××円
4.仕入債務の増加（＋）	××××円
5その他負債の増加額（＋）	××××円
営業キャッシュフロー合計	××××円
②　投資キャッシュフロー	
1.有価証券取得（ー）	××××円
2.有価証券売却（＋）	××××円
3.固定資産取得（ー）	××××円
4.固定資産売却（＋）	××××円
投資キャッシュフロー合計	××××円
③　財務キャッシュフロー	
1.借入金の増加（＋）	××××円
2.借入金の減少（ー）	××××円
3.配当金の支払い（ー）	××××円
財務キャッシュフロー合計	××××円
④　現金及び現金同等物の増減額	××××円
⑤　現金及び現金同等物の期首残高	××××円
⑥　現金及び現金同等物の期末残高	××××円

キャッシュの増加となる項目を足し、キャッシュの減少となる項目を引き算して、最終的な営業キャッシュフローを算出します。それだけのことなので、何も難しいことはありませんね。ただ、ここでひとつ重要な説明を加えます。それは、「売上債権の増加は、キャッシュフローのマイナスになる」ということです。逆に「仕入債務の増加は、キャッシュフローのプラス」になっています。売上

債権というのは、まさに「売掛金」のことであり、仕入債務とは「買掛金」のことです。

つまり、売上を上げて、それが売掛金となるわけですが、その売掛金が増えることは、キャッシュフロー上はマイナス、悪いことだというのです。貸借対照表では、売掛金が増えれば、流動資産が増えて、企業にとってはいいことのはずなのに。

実は、キャッシュフローの考え方では、売上債権（売掛金）が増えるということは、「本来、入ってくるキャッシュが入っていない」、それはつまり「キャッシュがマイナスになっているのと同じこと」だと考えるのです。

100万円の売上が上がれば、それは現金で100万円もらえることを意味します。100万円もらえば、その時点で100万円のキャッシュが増えます。営業キャッシュフローの増加であり、企業にとって良いことだといえます。しかし、100万円売り上げたにもかかわらず、一向にお金が入ってこない（いつかは入ってくるのですが）。この状況は単に100万円のプラスがゼロになっているのではなく、100万円のマイナスだというわけです。ですから、売上債権が増えたら、その分の営業キャッシュフローが減少することになるのです。

仕入債務（買掛金）は、まさにその逆の考え方です。買掛金とは、ツケで何か買ったので、近い将来、お金を払わなければならないという義務です。100万円分の商品を仕入れて、来月末日に代金100万円払いますという約束をしたわけです。一種の借金、すなわち負債なので、貸借対照表上は流動負債に記載され、この流動負債が流動資産以上に膨らむことは、財務体質としてよくないことだと判断されます。

ところがキャッシュフローの考え方では、「良いこと」と判断されます。何故か。売上債権の増加がマイナスになるということを理解できた方は、こちらの理由もおわかりになるはずです。そう、「本来支払うべきお金を支払っていないのだから、その分のキャッシュが増えている」と考えようというわけです（厳密にいえば、増えているわけではなく、〝残っている〟という表現のほうが適切な気もしますが）。

でも、よく考えてみれば、キャッシュフローのこの考え方は正しいです。本来であれば、100万円分のものを買えば、その場で100万円という現金は支払いによってなくなってしまうわけですが、それを払っていないわけですから、手元には100万円の現金がまるまる残っています。確かに「100万円増えたようなもんだ」と言われれば、そのとおりですね。

これが理解できれば、高級バーと立ち飲み屋、どちらが優れているかがわかると思います。

売上がどんどん増えながらも、その場でキャッシュが入ってこない高級バーは、売上債権がどんどん増えて、キャッシュフローをマイナスにしてしまいます。現金ショーバイをしている立ち飲み屋の場合には、売上債権が増える要素なんてありませんから、キャッシュフローに悪影響は及びません。

これが、高級バーと立ち飲み屋と、どちらがショーバイとして優れているかを判断する上でのポイントなのです。もちろん、これはあくまでも会計的な見方だけのことですから、実際のビジネスとして見た場合には、そう単純にどちらが儲かるとか、優れているとかいえることではありません。そこのところは誤解のないようにお願いします。

さらに言えば、「売掛金の回収は早く、買掛金の支払いは遅く」ということは、キャッシュフローの考え方に照らしても、正しい考え方だということが証明されたようなものです。

○投資キャッシュフロー

投資キャッシュフローの増減は、固定資産の取得や売却、有価証券の取得や売却などによるキャッシュの増減を表しています。ここで重要なのは、固定資産の増減です。たとえば、将来の増産体制に備えて、新工場を設置しようということになれば、固定資産の取得によって支払いが発生し、キャッシュが出ていきます。

つまり、投資キャッシュフローは特別な場合を除いて、マイナスになっていたほうが、事業拡大に積極的だと判断できます。

逆に、ここがプラスになっているということは、重要な設備などを売却している場合が考えられるので、事業はむしろ縮小気味なのかもしれないと、疑ってみる必要があるかもしれません。

○財務キャッシュフロー

財務キャッシュフローの増減項目は、ほぼ借入金に起因するものと考えます。借金が増えれば、財務キャッシュフローにはプラスになりますし、逆に借金を返済していれば、それはマイナスとなって表されます。

キャッシュフロー計算書をどう見るか

以上のように、キャッシュフロー計算書は、「営業キャッシュフロー」「投資キャッシュフロー」「財務キャッシュフロー」の3つで構成されています。営業キャッシュフローについては、常にプラスになっていることが望まれます。ここがマイナスになっているということは、損益計算書の営業利益の判断と同様に、本業で儲かっていないという意味合いになります。

次の投資キャッシュフローは、すでに説明したとおり、必ずしもプラスがいいとはいえません。ここがマイナスになっているということは、積極的に投資しているということであり、むしろ将来に向かっての攻めの戦略が見えてきます。ただし、過大な投資はやはり企業の存続自体を危うくすることにもなりかねません。おおむねの目安として、営業キャッシュフローで生み出されたキャッシュ分くらいを投資に当てているのならば、問題はないと判断すべきです。

財務キャッシュフローは、基本的にはマイナスであることが望ましいといえますが、たとえば将来の事業拡大のための投資を実施するに当たって、営業キャッシュフローで生み出したキャッシュだけでは足りないので、銀行借入などで不足分を賄うということもあり得ます。そうした場合にはプラスになりますから、基本的にマイナスが望ましいとはいっても、常にマイナスでなければならないというものでもありません。

お金は企業の血液であり、財務諸表は企業の健康診断書

極端な言い方をすれば、血液であるお金が企業の体を巡っている間は、企業が死ぬ（倒産する）ことはありません。そのお金が自分で稼いだものなのか、借金なのかは関係がありま

せん。しかし、現実問題として、自力で稼げない企業は、やがて輸血(金融機関からの借入など)も受けられなくなります。だからこそ、利益を出せる企業体質になることが重要なのです。そして、そうした企業の健康状態を判断するための診断書が財務諸表なのです。具体的には、損益計算書・貸借対照表・キャッシュフロー計算書です。この3つをしっかりと分析することで、企業の実態がある程度見えてきます。

財務諸表を読み解きたいと考えて、それこそ簿記の考え方から勉強を始める方もいるようです。経理や財務部門で働くのなら、そうしたところから始める必要がありますが、ビジネス知識として身につけたいというのなら、あまり細部にこだわる必要はないと思います。本書で取り上げた程度のことを理解していれば、基礎知識としては十分だとお考えください。

第5章　同じ「100円ショップ」でも異なる財務諸表

第1節　儲けの仕組みが違えばこんなに変わる――損益計算書編――

キャンドゥと九九プラスの財務諸表を比較する

これまでのところで、さまざまな業種・業態の事例を踏まえつつ、3大財務諸表である「損益計算書」「貸借対照表」「キャッシュフロー計算書」について、基本構造の理解に努めてきました。

ここからは、もう少し実践的に、話を進めていきたいと思います。

第1章でSHOP99を展開する株式会社九九プラスの財務諸表をちょっとだけ紹介しました。本節では、もうひとつの100円ショップ会社である株式会社キャンドゥの有価証券報告書も見比べながら、同じ100円ショップ形態でありながら、これら2つの企業の財務状況がどれほど違うのか、ということを確認していきたいと思います。

使用するのは、キャンドゥの財務諸表が平成19年11月30日の決算分で、九九プラスの財務諸表が平成20年3月31日の決算分です。

１００円ショップは雑貨で儲ける

128〜129ページ表７に九九プラスの連結損益計算書を、130〜131ページ表８にはキャンドゥの連結損益計算書を掲載してありますので、その内容と付け合わせながら読み進めてください。

まず両社の売上高を比較すると、九九プラスが約1230億円であるのに対して、キャンドゥはその半分程度の約665億円でした。売上規模だけでいえば、九九プラスに軍配が上がりそうです。しかし、売上総利益を見ると、九九プラスが約328億円で売上総利益率が26・7％であるのに対して、キャンドゥは約236億円で売上総利益率で35・5％と、圧倒的に高い売上総利益率になっていました。

これはどうやら、品揃え分野の違いが大きく影響しているようです。九九プラスは、すでに触れたとおり、生鮮食品をはじめとした食料品分野の品揃えが充実していることを優位性として事業を伸ばしてきた100円ショップです。どうしても、こうした食料品関係は仕入原価を低く抑えるのが難しいようです。九九プラスの有価証券報告書に記載されている「仕入及び販売の状況」によると、商品部門は大きく３つあり、「生鮮・デイリー」「グローサリー」「雑貨等」です（141ページの表11参照）。

売上高の構成を見ると、生鮮・デイリーが約５１３億円、グローサリーが約５４８億円、そして雑貨等が１３９億円程度です。「生鮮・デイリー」と「グローサリー」を合わせた、いわゆる食料品系で１０００億円を超える売上高を確保しているのですが、仕入実績からそれぞれの商品分野の原価率を計算してみると、生鮮・デイリーもグローサリーも共に75%を超えています。雑貨はかろうじてそれよりは原価率が低いのですが、それでも70%を超えています。結果的にトータルの原価率が73・３%となり、売上総利益率が26・７%に落ち着いているわけです。

これに対してキャンドゥは、商品分野は大きく分けて「日用雑貨」と「加工食品」の２つです（１４１ページの表12参照）。九九プラスと同様に仕入実績からそれぞれの原価率を計

当連結会計年度（自　平成19年４月１日　至　平成20年３月31日）		
金額（百万円）		百万比（%）
	122,997	100.0
	90,182	73.3
	32,814	26.7
14,420		
4,921		
2,628		
2,207		
1,444		
24		
18		
6,749	32,412	26.4
	401	0.3
32		
139		
34	206	0.2
93		
28		
27		
4		
9		
72		
16	251	0.2
	356	0.3
-		
229		
5		
-	235	0.2
123		
23		
-		
11		
-		
87		
-	246	0.2
	345	0.3
170		
127	297	0.3
	47	0.0

表7　九九プラス　連結損益計算書

区　分	注記番号	前連結会計年度（自　平成18年4月1日　至　平成19年3月31日）金額（百万円）		百万比（%）
Ⅰ売上高			124,489	100.0
Ⅱ売上原価			90,998	73.1
売上総利益			33,491	26.9
Ⅲ販売費及び一般管理費				
1　給与手当		14,508		
2　地代家賃		4,900		
3　水道光熱費		2,664		
4　リース料		2,364		
5　減価償却費		1,307		
6　貸倒引当金繰入額		11		
7　のれん償却額		65		
8　その他		6,713	32,536	26.1
営業利益			955	0.8
Ⅳ営業外収益				
1　受取利息		14		
2　受入手数料		57		
3　その他		31	104	0.1
Ⅴ営業外費用				
1　支払利息		76		
2　現金過不足		31		
3　閉店店舗資産保管料		-		
4　株式交付費		14		
5　支払手数料		7		
6　減価償却費		45		
7　その他		20	195	0.2
経常利益			863	0.7
Ⅵ特別利益				
1　貸倒引当金戻入額		5		
2　投資有価証券売却益		-		
3　前期損益修正益	※1	-		
4　その他		1	7	0.0
Ⅶ特別損失				
1　減損損失	※2	1,605		
2　店舗閉鎖損	※3	449		
3　固定資産除却損		0		
4　固定資産売却損	※4	-		
5　貸倒引当金繰入額		10		
6　貸倒損失		-		
7　その他		4	2,070	1.7
税金等調整前当期純利益又は税金等調整前当期純損失（△）			△1,199	△1.0
法人税、住民税及び事業税		155		
法人税等調整額		△467	△312	△0.3
当期純利益又は当期純損失（△）			△886	△0.7

		当連結会計年度 （自　平成18年12月１日 至　平成19年11月30日）		
区　分	注記番号	金額（千円）		百万比（%）
４．受取地代家賃		5,460		
５．為替差益		30,359		
６．雑収入		16,962		
７．負ののれん償却額		35,543		
８．その他		966	192,112	0.3
Ⅴ営業外費用				
１．デリバティブ差損		29,209		
２．雑損失		22,123		
３．支払利息		284		
４．その他		877	52,494	0.1
経常利益			948,249	1.4
Ⅵ特別利益				
１．固定資産売却益	※１	2,468		
２．営業補償金収入		68,849	71,317	0.1
Ⅶ特別損失				
１．固定資産売却損	※２	1,634		
２．固定資産除却損	※３	694,766		
３．長期前払費用償却費		5,687		
４．減損損失	※４	959,973		
５．たな卸資産処分損		44,825		
６．過年度損益修正損		8,428		
７．立退料		80,000		
８．その他		1,250	1,796,566	2.7
税金等調整前当期純損失			776,999	△1.2
法人税、住民税および事業税		397,605		
法人税等調整額		△176,172	221,433	0.3
当期純損失			998,432	△1.5

表8　キャンドゥ　連結損益計算書

		当連結会計年度 （自　平成18年12月1日 至　平成19年11月30日）		
区　　分	注記番号	金額（千円）		百万比（%）
Ⅰ売上高			66,486,054	100.0
Ⅱ売上原価			42,883,594	64.5
売上総利益			23,602,459	35.5
Ⅲ販売費及び一般管理費				
1．運賃		200,364		
2．役員報酬		141,330		
3．給与手当		2,934,984		
4．雑給		5,228,581		
5．賞与		372,511		
6．退職給付費用		47,226		
7．法定福利費		571,202		
8．外注人件費		627,909		
9．地代家賃		6,845,616		
10．長期前払費用償却		51,288		
11．減価償却費		1,023,625		
12．貸倒引当金繰入額		15,133		
13．旅費交通費		776,106		
14．通信費		258,658		
15．水道光熱費		947,160		
16．消耗品費		580,841		
17．出店費		68,355		
18．支払手数料		412,907		
19．その他		1,690,022	22,793,828	34.3
営業利益			808,631	1.2
Ⅳ営業外収益				
1．受取利息		29,259		
2．受取配当金		500		
3．事務手数料収入等		73,060		

算してみると、加工食品については九九プラスよりも若干高めの77・9％となりました。しかし、日用雑貨については、59・7％となっており、格段に低い原価率を実現できています。キャンドゥの売上高構成でいえば、日用雑貨が約472億円に対して、加工食品が約190億円程度なので、トータルでの原価率がそれほど高くならずに済んでいるのです。

原価の高い食料品が主力になっている九九プラスと、原価率が低い雑貨を主力として販売しているキャンドゥでは、同じ100円ショップ形態であっても、こんなに原価に差があるのかとびっくりするほどです。

やはり、100円ショップの儲けの要は、雑貨にあり、といえるようです。また、キャンドゥは平成18年時点から300円、500円の商材を導入しています。おそらく単価の高い商品は利益率も高めに設定しやすいはずで、そうした高額商品を品揃えに加えることで、トータルの原価率を低減しようとしているとも考えられます。

営業利益率にも4倍の開き

次に両社の営業利益を見てみましょう。すでに説明したとおり、営業利益は本業の儲けを表す指標ですから、とても重要です。

さて、九九プラスの営業利益は額にして4億円で、率でいえばわずかに０・３％です。これに対してキャンドゥは、金額が８億円で、率にして１・２％です。金額で比較しても倍以上の開きがあり、率でいえば4倍の開きになっています。

この差は、唯一原価率の違いによるものです。売上高に対する販管費の割合で見れば、九九プラスは26・４％ですが、キャンドゥは34・０％とむしろ販管費の割合は高いのです。企業としては、九九プラスのほうが費用削減に努力しているのではないかと窺わせる数字です。しかしながら、売上総利益率（粗利率）で10ポイント近い差があると、どんなに経費削減にがんばっても、十分に営業利益を出すことは非常に難しいのだということがわかります。

営業利益以下には、営業外損益や特別損益など続いていますが、これらについては、ここでは詳しく触れることはしません。事業そのものの儲けの構造とはあまり関係がないからです。おおまかに見ておくことにします。

売上総利益段階、営業利益段階で、抜きつ抜かれつのデッドヒートを繰り広げた両社ですが、最終的な当期利益でいえば、キャンドゥは損失になっています。約９億９０００万円の当期純損失です。原因は特別損失にあります。この期において、固定資産除却費や減損損失が増えたために、このような結果になっています。

九九プラスについては、営業外損益以下の部分に特記すべき内容はなく、最終的な当期純利益は4700万円のプラスで終えています。

第2節　儲けの仕組みが違えばこんなに変わる―貸借対照表編―

支払い能力は、ギリギリセーフとギリギリアウト

136～139ページに、九九プラス（表9）とキャンドゥ（表10）の貸借対照表を掲載しました。貸借対照表を見る場合、絶対額で見るよりも全体の構成を把握したほうが、その企業の財務体質が見えてきますので、図にしたものを次ページに掲載しました。

これらを参考に、比率分析なども加えていくことにします。

この2社の貸借対照表を見ると、非常によく似た構成になっています。違いは非常に微妙です。まずは次ページ図6の九九プラスを見てください。こちらは、流動資産が144億2300万円に対して、流動負債が139億9000万円です。流動比率を計算してみましょう（なお、比率計算において、％を出すためには「×100」が必要ですが、本書中では割愛しています）。

図6　九九プラス

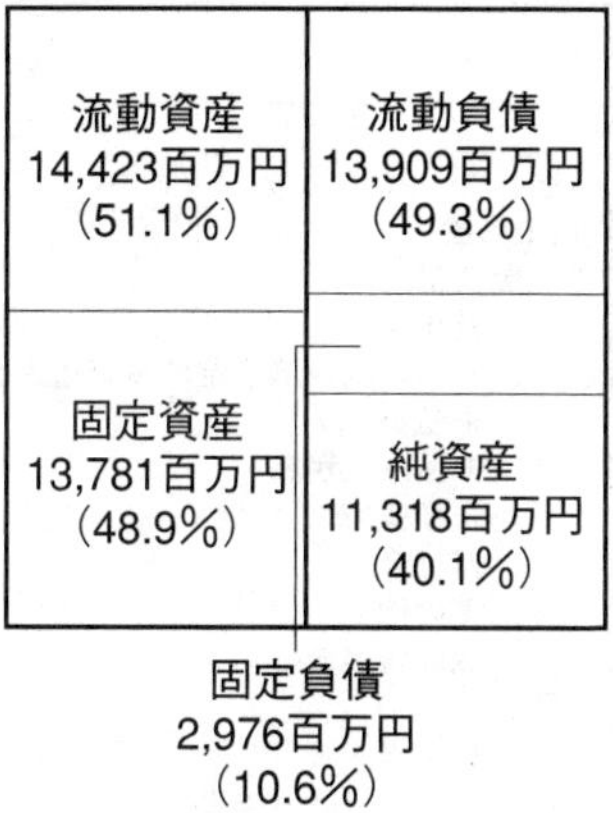

図7　キャンドゥ

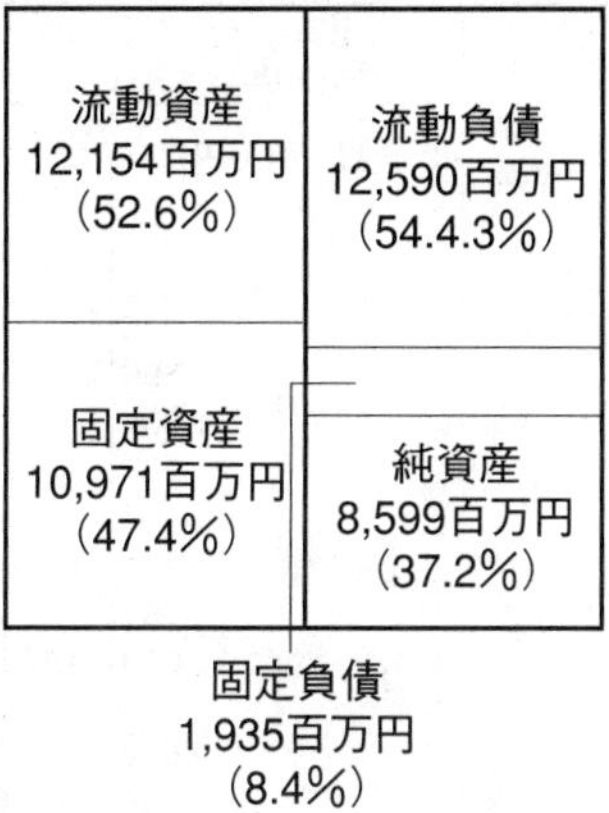

流動比率＝流動資産÷流動負債
103・7％＝144億2300万円÷139億9900万円

かろうじて100％を超えていますが、安全性という意味では少々不安の残る流動性です。一般に流動比率は150％以上で健全企業、200％以上で優良企業だといわれます。そういう意味では、九九プラスは、流動比率があまりよろしくない企業ということになります。

さて、次に図7のキャンドゥについて、九九プラス同様に流動比率を計算してみましょう。キャンドゥは、流動資産が121億5400万円で、流動負債が125億9000万円ですから、流動

区　分	注記番号	当連結会計年度（平成20年3月31日）金額（百万円）		構成比（%）
(負債の部)				
Ⅰ流動負債				
1．買掛金			9,215	
2．一年以内返済予定の長期借入金			1,796	
3．未払金			1,634	
4．未払法人税等			222	
5．未払費用			477	
6．預り金			181	
7．その他			382	
流動負債合計			13,909	49.3
Ⅱ固定負債				
1．長期借入金			2,672	
2．リース資産減損勘定			298	
3．その他			6	
固定負債合計			2,976	10.6
負債合計			16,886	59.9
(純資産の部)				
Ⅲ株主資本				
1．資本金			5,338	18.9
2．資本剰余金			5,489	19.5
3．利益剰余金			561	2.0
4．自己株式			△71	△0.3
株主資本合計			11,318	40.1
純資産合計			11,318	40.1
負債純資産合計			28,204	100.0

表9　九九プラスの連結貸借対照表

区　分	注記番号	当連結会計年度（平成20年３月31日）金額（百万円）		構成比（%）
(資産の部)				
Ⅰ流動資産				
1．現金及び預金			8,471	
2．たな卸資産			3,484	
3．未収入金			1,007	
4．前払費用			518	
5．未収還付法人税等			5	
6．繰延税金資産			408	
7．その他			573	
貸倒引当金			△45	
流動資産合計			14,423	51.1
Ⅱ固定資産				
1．有形固定資産	※2			
(1) 建物及び構築物		8,364		
減価償却累計額		△2,525	5,838	
(2) 器具及び備品		2,803		
減価償却累計額		△1,631	1,171	
(3) その他		8		
減価償却累計額		△4	4	
有形固定資産合計			7,014	24.9
2．無形固定資産				
(1) のれん			18	
(2) ソフトウエア			2,913	
(3) その他			9	
無形固定資産合計			2,940	10.4
3．投資その他の資産				
(1) 投資有価証券			-	
(2) 長期貸付金			84	
(3) 長期前払費用			322	
(4) 敷金・保証金			3,355	
(5) 繰延税金資産			70	
(6) その他			0	
貸倒引当金			△6	
投資その他の資産合計			3,825	13.6
固定資産合計			13,781	48.9
資産合計			28,204	100.0

区　分	注記番号	当連結会計年度（平成19年11月30日）金額（千円）		構成比（%）
（負債の部）				
Ⅰ流動負債				
1．支払手形及び買掛金			7,396,598	
2．未払金			730,922	
3．未払費用			627,372	
4．一年内償還予定新株予約権付社債			3,603,000	
5．未払法人税等			872	
6．その他			231,902	
流動負債合計			12,590,667	54.4
Ⅱ固定負債				
1．退職給付引当金			264,260	
2．繰延税金負債			210	
3．負ののれん			1,386,199	
4．その他			285,100	
固定負債合計			1,935,769	8.4
負債合計			14,526,437	62.8
（純資産の部）				
Ⅰ株主資本				
1．資本金			2,718,759	11.8
2．資本剰余金			2,756,129	11.9
3．利益剰余金			3,124,848	13.5
株主資本合計			8,599,738	37.2
Ⅱ評価・換算差額等				
1．その他有価証券評価差額金			△111	0.0
評価・換算差額等合計			△111	0.0
純資産合計			8,599,626	37.2
負債純資産合計			23,126,063	100.0

表10　キャンドゥの連結貸借対照表

区　　分	注記番号	当連結会計年度（平成19年11月30日）金額（千円）		構成比（%）
（資産の部）				
Ⅰ流動資産				
1．現金及び預金			1,829,903	
2．受取手形及び売掛金			428,166	
3．たな卸資産			7,114,676	
4．未収入金			2,201,903	
5．繰延税金資産			139,889	
6．その他			440,295	
貸倒引当金			△371	
流動資産合計			12,154,463	52.6
Ⅱ固定資産				
1．有形固定資産				
(1) 建物及び構築物		5,712,094		
減価償却累計額		△1,400,249		
減損損失累計額		△1,243,541	3,068,302	
(2) 車両運搬具		63		
減価償却累計額		△58	4	
(3) 工具器具備品		5,547,517		
減価償却累計額		△3,528,177		
減損損失累計額		△38,706	1,980,633	
(4) 土地			260,672	
有形固定資産合計			5,309,613	23.0
2．無形固定資産				
(1) ソフトウェア			106,404	
(2) 電話加入権			22,536	
無形固定資産合計			128,940	0.5
3．投資その他の資産				
(1) 投資有価証券			158,770	
(2) 関係会社出資金	※1		178,212	
(3) 長期貸付金			1,459	
(4) 破産債権、更生債権その他これらに準ずる債権			17,926	
(5) 敷金保証金			4,534,243	
(6) 繰延税金資産			538,981	
(7) その他			127,777	
貸倒引当金			△24,325	
投資その他の資産合計			5,533,045	23.9
固定資産合計			10,971,600	47.4
資産合計			23,126,063	100.0

比率は96・5%となり、100%すら割り込んでしまっています。どちらも支払い能力に多少難あり、といったところでしょうか。

流動比率より当座比率で見る

さて、ここでひとつ説明を加えておきます。流動資産も流動負債も1年以内に現金化（支払いも含め）される資産であり、負債であるといいましたが、流動資産の中身を見ると、「本当に1年以内に現金化できるのか」という資産項目もあります。お気づきでしょうか。それは棚卸資産です。棚卸資産とは、端的にいえば商品在庫です。これが流動資産に挙げられるのは、普通に考えて、1年以内に売れる（はず）と考えられるからです。受取手形や売掛金は、相手が倒産でもしない限り、払ってもらえるのでいいのですが、倉庫に眠っている商品在庫が本当に売れるかどうかなんて誰にもわかりません。

そんなわけで、流動資産と流動負債の割合を分析しただけでは、本当に支払い能力があるのかどうかを判断するには少々心もとないと考える人もいるでしょう。

そこで、より正確に支払い能力を見極めることのできる指標が「当座比率」です。流動資産の中にはさらに、ほぼ間違いなく現金化できる資産として当座資産という分類があります。

表11　九九プラスの仕入実績と販売実績

仕入実績

商品部門	当連結会計年度 自　平成19年4月1日　至　平成20年3月31日 金額（百万円）	前年同期比（%）
生鮮・デイリー	38,972	96.9
グローサリー	41,397	100.8
雑貨等	10,000	101.2
合計	90,370	99.1

販売実績

商品部門			当連結会計年度 自　平成19年4月1日 至　平成20年3月31日 金額（百万円）	前年同期比（%）
直営部門	販売部門	生鮮・デイリー	51,365	96.5
		グローサリー	54,893	100.3
		雑貨等	13,973	100.4
		計	120,232	98.7
	その他売上		439	125.3
	計		120,671	98.8

表12　キャンドゥの仕入実績と販売実績

仕入実績

商品区分	当連結会計年度 自　平成18年12月1日 至　平成19年11月30日	前年同期比（%）
日用雑貨（千円）	28,216,338	―
加工食品（千円）	14,885,133	―
その他（千円）	11,388	―
合計（千円）	43,112,860	―

（注）上記の金額には、消費税等は含まれておりません。

販売実績 a.商品区分別売上高

商品区分	当連結会計年度 自　平成18年12月1日 至　平成19年11月30日	前年同期比（%）
日用雑貨（千円）	47,221,688	―
加工食品（千円）	19,092,952	―
その他（千円）	171,412	―
合計（千円）	66,486,054	―

（注）1.上記の金額には、消費税等は含まれておりません。
2.その他売上高は、フランチャイズ店への消耗品売上高等であります。

具体的にどんなものが当座資産かというと、現金・預金と受取手形・売掛金です。この当座資産と流動負債のバランスを見ることで、より正確に支払い能力を把握することができます。

事例の2社で計算してみましょう。

当座比率＝当座資産÷流動負債
九九プラス――60・9％＝84億7100万円÷139億900万円
キャンドゥ――17・9％＝22億5800万円÷125億9000万円

流動比率で比較する限り、両社はそれほど違っていなかったのに、当座比率で分析してみたら、だいぶ差が出てしまいました。流動比率に比べて当座比率が非常に低くなるのは、流動資産の構成上、当座資産以外のものの割合が大きいということです（当然ですが）。キャンドゥの場合は、棚卸資産が非常に大きいのです。売上の規模でいえば、九九プラスのほうが倍ぐらい大きいのに、棚卸資産に関していえば、キャンドゥのほうが倍近く持っています。

この原因も、おそらくは商品構成にあるのだと思います。生鮮・デイリー商品やグローサリーの売上構成が高い九九プラスは、その商品の性質上、多くの在庫を持つことがそもそも難しいのでしょう。野菜や肉などは1カ月も2カ月も在庫できません。日配商品といわれるように、日々仕入れて、日々売るというような商品が多いのだと思われます。そのため、在庫が少ない。これに対して、キャンドゥは雑貨が中心ですから、比較的長期に在庫にしておくことができます。しかも、大量発注により単価を下げるようにしているはずですから、どうしても棚卸資産が増えてしまうのだと思われます。

長く使う資産は、返さなくてもいいお金で買う

貸借対照表だけで分析できる指標を使って、もう少し、九九プラスとキャンドゥを比較してみましょう。これまで流動資産と流動負債の関係性で、短期的な支払い能力がどういう状況になっているかを確認してきました。今度は、流動資産の対極にある固定資産について見ていくことにします。

そもそも固定資産というのは、1年以上の長い期間にわたって保持し続けることが前提の資産です。ですから、短期的に返済が迫られるような借金で購入するのは危険です。返す必要のないお金（自己資本）や、返すとしても長期間で返す借入金（固定負債）などを購入資金に当てるべきです。そうした視点で分析するのが固定比率です。固定比率は、固定資産と

自己資本の関係性を分析するための指標です。ちなみに「自己資本」は、純資産と同義と考えていいでしょう。計算式は次のとおりです。

固定比率＝固定資産÷自己資本

では、早速、九九プラスとキャンドゥの固定比率を計算してみます。

九九プラス――137億8100万円÷113億1800万円＝121・7％
キャンドゥ――109億7100万円÷85億9900万円＝127・6％

固定比率の目安は、おおむね120％ぐらいといわれます。もちろん、この数字は低ければ低いほど、固定資産を自己資本で賄っているという意味になるので、低いに越したことはありません。一般的には、固定比率が200％（つまり、持っている固定資産の額が、自己資本の倍あるということです）を超えると、少々問題ありの企業とみなされるようです。

しかし、企業活動に設備投資などは必要不可欠ですし、その設備投資をほぼ自前の資金

（自己資本）で賄わなくてはならないのは厳しい話です。ですから、必要な固定資産を借入金などで手当てしているからといって、決して企業の財務状態が悪いということにはなりません。ただ、長く保持する固定資産は、せめて長い期間をかけて返済すればよい固定負債で賄えるのが理想です。企業がそういう状態にあるかどうかを見極める指標が固定長期適合率という指標です。これは、固定資産と「自己資本＋固定負債」の関係性で分析するものです。

計算式は次のとおりです。

> 固定長期適合率＝固定資産÷（自己資本＋固定負債）

2社について計算した結果が次のものです。

> 九九プラス――137億8100万円÷（113億1800万円＋29億7600万円）＝96・4％
> キャンドゥ――109億7100万円÷（85億9900万円＋19億3500万円）＝104・1％

固定長期適合率は、100％を下回っていれば、一応安全な企業だと判断されます。九九プラスについていえば、１００％を下回っていますので、安全な企業だと判断できます。キャンドゥについては、若干ですが、１００％を超えていますので、多少無理して、体力以上の設備投資をしているのかもしれない、と疑ってみる必要があるかもしれません。

第3節　儲けの仕組みが違えばこんなに変わる
——キャッシュフロー計算書編——

典型的な優良企業タイプ

３大財務諸表の最後、キャッシュフロー計算書を比較してみましょう。キャッシュフロー計算書の見方は簡単です。「トータルとしてキャッシュが増えているか」という点と、「営業

当連結会計年度 （自　平成19年４月１日 至　平成20年３月31日）
金額（百万円）
345
1,516
18
21
△ 32
93
△ 229
11
4
123
87
23
—
—
△ 177
△ 12
20
131
△ 340
1,605
32
△95
△54
114
1,602
△ 1,227
27
△ 1,409
329
0
96
△ 39
225
△ 234
0
△2,232
—
△ 1,796
△ 71
1,327
△539
△ 1,169
9,641
8,471

表13　九九プラス　連結キャッシュ・フロー計算書

		前連結会計年度 （自　平成18年4月1日 至　平成19年3月31日）
区　　分	注記番号	金額（百万円）
Ⅰ営業活動によるキャッシュ・フロー		
1　税金等調整前当期純利益又は税金等調整前当期純損失（△）		△1,199
2　減価償却費		1,353
3　のれん償却額		65
4　貸倒引当金の増加額		16
5　受取利息		△ 14
6　支払利息		76
7　投資有価証券売却益		—
8　固定資産売却損		—
9　株式交付費		14
10　減損損失		1,605
11　貸倒損失		—
12　店舗閉鎖損		449
13　固定資産除却損		0
14　その他の特別損失		4
15　たな卸資産の増加額		△ 82
16　未収入金の増減額（△は増加）		144
17　その他資産の増減額（△は増加）		△ 14
18　仕入債務の増加額		111
19　その他負債の減少額		△ 25
小計		2,504
20　利息の受取額		14
21　利息の支払額		△74
22　法人税等の支払額		△356
23　法人税等の還付額		—
営業活動によるキャッシュ・フロー		2,087
Ⅱ投資活動によるキャッシュ・フロー		
1　有形固定資産の取得による支出		△1,946
2　有形固定資産の売却による収入		131
3　無形固定資産の取得による支出		△1,380
4　投資有価証券の売却による収入		—
5　短期貸付金の純増減額		0
6　長期貸付金の回収による収入		147
7　長期貸付金の貸付による支出		△116
8　敷金・保証金の回収による収入		86
9　敷金・保証金の差入れによる支出		△270
10　その他		—
投資活動によるキャッシュ・フロー		△3,348
Ⅲ財務活動によるキャッシュ・フロー		
1　長期借入れによる収入		2,480
2　長期借入金の返済による支出		△ 1,486
3　自己株式の取得による支出		—
4　新株の発行による収入		3,828
財務活動によるキャッシュ・フロー		4,821
Ⅳ現金及び現金同等物の増減額（△は減少）		3,560
Ⅴ現金及び現金同等物の期首残高		6,080
Ⅵ現金及び現金同等物の期末残高		9,641

キャッシュフロー・投資キャッシュフロー・財務キャッシュフローの増減バランスはどうなっているか」という点、そして「営業キャッシュフローはプラスになっているか」という3点ぐらいをチェックできれば十分です。掛け算・割り算すら不要です。

では早速、見てみましょう。

○トータルとしてキャッシュは増えているか

キャッシュフロー計算書の最後の部分には、「現金及び現金同等物の増減額」という項目があります。これを見れば、トータルでキャッシュが増えているかどうかが一目瞭然です。前ページ表13に九九プラス、次ページ表14にキャンドゥのキャッシュフロー計算書を掲載しましたので、参照してください。

まずは九九プラスです。最終的なキャッシュの増減額は△11億6900万円となっています。残念ながら、この期はキャッシュを増やすことができなかったようです。

これに対してキャンドゥはというと、やはり△8億2600万円でマイナスとなっています。

○各キャッシュフローのバランスはどうなっているか

両社とも、この期はキャッシュを減らしてしまっています。では、営業キャッシュフロー・投資キャッシュフロー・財務キャッシュフローのどこに問題があったのかを見ていきます。

表14　キャンドゥ　連結キャッシュ・フロー計算書

区　分	注記番号	当連結会計年度（自 平成18年12月1日 至 平成19年11月30日）金額（千円）
Ⅰ営業活動によるキャッシュ・フロー		
税金等調整前当期純損失		△776,999
減価償却費		1,024,503
減損損失		959,973
負ののれん償却額		△35,543
長期前払費用償却費		51,288
貸倒引当金の増加額		13,072
役員賞与引当金の減少額		△11,000
退職給付引当金の増加額		21,244
受取利息及び受取配当金		△29,759
支払利息		284
デリバティブ差損益		29,209
為替差損益		6,688
有形固定資産除却損		310,211
有形固定資産売却損		1,634
有形固定資産売却益		△2,468
長期前払費用償却費（特別損失）		5,687
売上債権の増加額		△15,057
たな卸資産の増加額		△78,201
仕入債務の減少額		△553,969
未収入金の減少額		168,471
未払金の減少額		△49,180
その他資産の純増減		44,873
その他負債の純増減		△10,830
小計		1,074,133
利息及び配当金の受取額		30,189
利息支払額		△284
法人税等の還付額		16,851
法人税等の支払額		△829,974
営業活動によるキャッシュ・フロー		290,915
Ⅱ投資活動によるキャッシュ・フロー		
定期預金の払戻による収入		5,000
有形固定資産の取得による支出		△1,233,089
有形固定資産の売却による収入		64,217
無形固定資産の取得による支出		△68,255
貸付金（割賦売上債権）の発生による支出		△2,000
貸付金（割賦売上債権）の回収による収入		2,383
長期前払費用の支出		△20,075
出資金の返還による収入		105
敷金保証金の差入による支出		△283,829
敷金保証金の返還による収入		655,588
有価証券の取得による支出		△140,000
関係会社貸付金取得による支出		△47
関係会社出資による支出		△178,212
新規連結子会社の取得による収入		320,757
投資活動によるキャッシュ・フロー		△877,456
Ⅲ財務活動によるキャッシュ・フロー		
配当金の支払額		△233,749
財務活動によるキャッシュ・フロー		△233,749
Ⅳ現金及び現金同等物に係る換算差額		△6,688
Ⅴ現金及び現金同等物の増減額（△減少額）		△826,979
Ⅵ現金及び現金同等物の期首残高		2,643,850
Ⅶ現金及び現金同等物の期末残高		1,816,871

九九プラスは、この3つのバラスが「＋　－　－」となっています（すでに説明したように、営業・投資・財務の順番です）。プラス・マイナスのバランスだけでいうと、優良企業によく見られるバランスになっています。何より営業キャッシュフローでプラスになっていることが、本業部分ではちゃんとキャッシュを生み出しているということを証明しています。

投資キャッシュフローがマイナスになっていることの意味は、すでに説明したとおり、「積極的な投資を行なっている」ことを表していますから、それ自体はなんら問題はありません。

具体的に中身を見ても、有形固定資産の取得12億円、無形固定資産の取得14億円が大きな割合を占めていますので、まさに果敢に攻めている状況といっていいでしょう。

財務キャッシュフローのマイナスも長期借入金の返済によるマイナスです。

結果的にトータルのキャッシュは減少していますが、このキャッシュフロー計算書から読み取れる企業の状況としては、「借金をちゃんと減らしながら、将来に向けての積極投資も怠らず、何より営業活動でしっかりとキャッシュを生み出すことのできる優良企業」ということができるのではないでしょうか。

続いて、キャンドゥを見てみましょう。こちらも全体バランスという意味では、九九プラスと同様に「＋　－　－」という形なので、優良企業によく見られるバランスです。営業キャッシュフローではしっかりとキャッシュを生み出しており、投資キャッシュフローの内容も、有形固定資産の取得が12億円ほどで最も大きくなっています。おそらく新規出店にかかる投資だと思われますから、やはり攻めの姿勢があるのだと推測できます。財務キャッシュフローのマイナスについては、配当金の支払いによるもので、そもそもキャンドゥは貸借対照表を見ても借入金というものがありません。キャッシュフロー計算書の見方からはちょっと脱線しますが、無借金経営をしていることは、とてもすばらしいことです。

第4節　3つの財務諸表で見えてくること

財務諸表は複数のものを比較する

財務諸表を見て、企業の財務状態、経営状態を把握しようとする場合は、できるだけ複数の財務諸表を用意して、比較検討するべきです。

たとえば、1つの企業の財務諸表を見る場合でも、過去3年分程度を用意して、経年での推移を比較検討する、また、単年度の財務諸表を見る場合でも、同業他社の同一年度の財務諸表を用意して、企業間での比較をしながら検討する、といったことです。特に企業間の違いを分析しようという場合には、できれば同程度の規模の企業を比較するのがよいでしょう。もちろん、絶対額に惑わされることなく、割合（パーセンテージ）を比較することで、企業規模が大きく違っていても、横並びで比較することはできます。

いずれにしても、1社・単年度よりも、複数の財務諸表を比較するほうが、いろいろなことが見えてくるのだということを覚えておいてください。もちろん、ある1社の単年度の財務諸表だけでも、ある程度の分析はできるのですが、より深く理解しようと思ったら、できるだけデータは豊富なほどよいのです。

またこれまでは、損益計算書・貸借対照表・キャッシュフロー計算書を個別に分析してきましたが、これらの財務諸表を横断的に分析することで見えてくるものもあります。本章の最後では、そうした財務諸表の見方について少しだけ触れておきましょう。

4分野の分析領域がある

財務諸表に基づいて経営分析をするに当たっては、大きく4つの分析領域があります。具体的には、「収益性分析」「流動性分析（「健全性分析」ということもあります）」「生産性分析」「成長性分析」です。

それぞれの領域ごとに、さまざまな分析手法があります。表15にまとめましたので、確認してください。これまでのところで、すでに説明したものもありますので、本節では、それ以外のものを中心に説明を加えていきます。

表15　分析体系図

収益性分析	総資本経常利益率 売上高経常利益率 総資本回転率 商品回転率
流動性分析 （健全性分析）	自己資本比率 流動比率 固定比率 固定長期適合率
生産性分析	付加価値労働生産性 労働分配率
成長性分析	（売上高推移） （利益推移）

収益性を分析する

収益性とは、端的にいえば「どのくらい儲かっているか」ということです。もっといえば、どれだけのお金を使って、そのリターンとしての利益を獲得できたか、という指標です。たとえば、1万円の元手を使って馬券を買い、それが当たって2万円になったという場合、「1万円の元手で1万円儲かった」、あるいは「1万円の元手が倍になった」ということです。

○総資本経常利益率

総資本とは、事業活動に使われたすべての資産のことです。貸借対照表の右側もしくは左側の合計です（どちらも同じ金額ですから）。九九プラスの平成20年3月決算の場合でいえば、282億400万円です。九九プラスは1年間の事業活動でこれだけの資産を活用したということです。そして、これだけの金額の資産を投入して、一体いくらの経常利益を稼いだのか、ということを比率で表すのが「総資本経常利益率」です。当然のことながら、この数値は高ければ高いほど、効率的に稼いでいる企業であるという判断ができます。

経常利益÷総資本＝総資本経常利益率（％）
九九プラスの場合——3億5600万円÷282億400万円＝1・26％
キャンドゥの場合——9億4800万円÷231億2600万円＝4・09％

○売上高経常利益率

売上高に対して、経常利益の割合がどの程度あるかを見る指標です。損益計算書だけで分析できる指標で、有価証券報告書などに掲載される損益計算書などの場合には、その損益計算書中に比率が示されていますので、あえて計算しなくてもわかります。

たとえば、経年で売上高経常利益率が下がっているような場合、売上高と経常利益の差額である「売上原価＋販管費＋営業外損益」の割合が増えていることを意味しますので、これらのうち、どこに問題があるのかをさらに分析していく必要があります。

経常利益÷売上高＝売上高経常利益率（％）

○総資本回転率

事業活動に投下した総資本で、その何倍の売上高を獲得できたかを把握するための指標です。「率」とはいいながらも、「回」という単位で表現します。先ほどの馬券の例でいえば、1万円という総資本で2万円稼いだ（売上を上げた！）ので、総資本回転率は2回となります。

この指標も、数値が大きいほど、効率のよい事業活動をしていると判断できます。

売上高÷総資本＝総資本回転率（回）
九九プラスの場合――1229億9700万円÷282億4000万円＝4・36回
キャンドゥの場合――664億8600万円÷231億2600万円＝2・87回

○商品回転率

製造業の場合には、製品回転率となります。計算方法や意味合いは同じですので、ここでは商品回転率で統一します。

さて、商品回転率とは「平均在庫の何倍の売上高を達成できたか」を把握する指標です。これも「回」が単位です。商品在庫と売上高の関係性を分析する指標であるといえます。原則的には、この数値も高ければ高いほど、効率のいい事業展開をしていると判断できます。ただし、場合によっては必ずしもそうとはいえないこともあります。商品回転率は売上高と在庫金額の関係性なので、売上高が一定でも、たんに在庫が減っていれば、回転率は高い数値が出ます。これが適正在庫ということであれば問題はないのですが、もし急激な売上の伸びに在庫が対応しきれていないために、在庫が減っているということだと、最悪の事態としては在庫切れ（欠品）ということも考えられます。

在庫は、あり過ぎてもいけませんが、少な過ぎても問題なので、慎重な判断が必要になるということです。

売上高÷棚卸資産＝商品回転率（回）
九九プラスの場合――１２２９億９７００万円÷34億８４００万円＝35・30回
キャンドゥの場合――６６４億８６００万円÷71億１４００万円　＝９・34回

流動性分析

流動性が高いということは、現金化の動きが速いということを意味していますので、支払い能力に問題がないとか、すぐに現金化できる資産が多いといったことになります。取引先の与信を考える場合にも、流動性を分析・把握することは、とても重要です。

具体的な指標としては、「自己資本比率」「流動比率」「固定比率」「固定長期適合率」がありますが、自己資本比率以外は、すでに説明済みなので、ここでは自己資本比率だけを説明します。

○自己資本比率

自己資本とは文字どおり、自分の資本です。代表的なものは資本金であり、長く事業を続けていく中で蓄積される利益剰余金なども自己資本に含まれます。自己資本の反対語が「他人資本」です。銀行融資などの借入金は他人資本と呼ばれます。これは貸借対照表の右側の項目のうち、負債の部分に記載されます。

自己資本比率とは、すべての資本（総資本）に占める自己資本の割合です。高ければ高いほど、財務基盤が安定している健全な企業だと判断できます。一般に30％以上は必要だといわれますが、日本の企業の場合、大企業で30～40％程度、中小企業の場合で20～30％程度だといわれています。

自己資本÷総資本＝自己資本比率（％）

この指標についても、有価証券報告書に掲載される貸借対照表などの場合には、構成比（百分比）という形で掲載されていることがほとんどですから、あえて計算しなくてもわかります。

生産性分析

生産性とは、どれだけ効率的な〝何か〟を生産しているか、ということです。製造業の場合であれば、この〝何か〟はモノなのでわかりやすいのですが、商業の場合だと、そもそもモノを生産していません。仕入先から仕入れたモノを売ることで収益を上げています。そこで、生産性を分析する際には、「付加価値（額）」という概念を使います。

製造業であれば、部品や材料を外部から仕入れて、それを自社で加工して製品にし、販売します。そこで、製造業における付加価値額は売上から部品や材料、また外注加工費など外部に支払う費用を差し引いたものと考えます。商業であれば、おおむね粗利益が付加価値額に相当すると考えてよいでしょう。

厳密にいえば、付加価値についての定義には、中小企業庁方式と日銀方式という2つの異なる定義があるのですが、本書ではそこまでの厳密な内容理解は不要です。

さて、付加価値額を軸として生産性を分析する際には、大きく2つの生産性分析の方向性があります。ひとつは労働生産性で、もうひとつは資本生産性です。

生産性といった場合には、基本的には「付加価値労働生産性」を指します。しかし、大規模な設備を使って、きわめて少ない人員体制で何かを生産しているような、資本集約的な企業の場合には、あまり有効な指標にならないことがあるので、そういう場合に、補足的に使用されるのが資本生産性です。

ですから、ここでは、より一般的な「付加価値労働生産性」のみを取り上げるとともに、「労働分配率」について説明を加えることにします。

○付加価値労働生産性と労働分配率

付加価値労働生産性とは、先に説明した付加価値（額）を生み出すために、どれだけの労働力を使ったのか、ということを明らかにする分析指標です。

この時、労働力を人数で捉えると、従業員1人あたりが生み出した付加価値（額）が算出されます。これを付加価値労働生産性といいます。

これに対して、労働力を費用、すなわち人件費ベースで捉えると、付加価値（額）に占める人件費の割合が明らかとなります。これを労働分配率といいます。

要するに、人数ベースで分析するか、人件費ベースで分析するかによって、付加価値労働生産性と労働分配率に区別されるのだと理解しておいてください。

この指標は投入した労働力と、それによって生み出される付加価値のバランスが適正がどうかを判断するための指標なので、高すぎても低すぎても、問題だということになります。

付加価値額÷従業員数＝付加価値労働生産性

九九プラスの場合（便宜的に付加価値額を粗利益で計算しています）
328億1400万円÷839人＝3900万円
キャンドゥの場合（同様です。※従業員数は有価証券報告書より）
236億2000万円÷1025人＝2300万円

人件費÷付加価値額＝労働分配率
九九プラスの場合（給与手当を人件費として計算しています）
144億2000万円÷328億1400万円＝43・9％
キャンドゥの場合（役員報酬＋給与手当を人件費として計算しています）
30億7500万円÷236億2000万円＝13・0％

成長性分析

成長性の分析においては、これまで説明してきた各種の分析のような特別な指標はありません。対象となる企業のこれまでの売上高の推移や、利益の推移を比較検討するということです。

企業は成長することが宿命付けられた存在です。毎年、着実に売上高と利益を増やしていかねばなりません。

その企業は前年に比べて、どれだけ売上高を伸ばしているか、利益を増やしているのか、絶対額もそうですが、伸び率という割合で把握することが大切です。

第6章　財務会計知識を実践で生かす

——あなたのお店の財務諸表を作る——

第1節　実践することの重要性を知る

だんご屋か、宝石屋かを議論するなら損益分岐点で比べてみる

この章では、これまでのところで学んできたことを、より実践的に活用してみようと思います。

さて、あなたがもし、自分で商売を始めるとして、「だんご屋」か「宝石屋」のどちらかを選べといわれたら、どちらを選ぶでしょうか。

判断基準はいろいろあると思います。「1個100円のだんごを売って生計を立てるためには、一体、1日に何本売らなければならないのだろう」、あるいは、「宝石なら、1個あたりの単価が高いから、そんなに数をさばく必要もないので、自分でもできるのではないだろうか」などなど。

しかし、本書で会計の基本を学んだからには、そんなあいまいな根拠で「だんご屋」がいいのか、「宝石屋」がいいのかを判断してはいけません。もっと会計的な考え方に基づいて検討してみるべきです。

さて、まずは「限界利益」と「損益分析点」の考え方を応用して、「だんご屋」で食べていけるかどうかを判断してみましょう。限界利益の計算式を覚えていますか。忘れていても大丈夫です。ここにもう一度書きますから。

売上高－変動費＝限界利益

これが基本計算式です。そうすると、固定費と変動費を考えなくてはいけません。「だんご屋」を営む上での変動費と固定費ってどんなものがあるでしょうか。

だんごを作るための原材料費は変動費ですね。自分が欲しいと思っている給料は？　金額を月々いくらと決めてしまえるなら、固定費です。たとえば、月に50万円は取れないと脱サラしてだんご屋を開業する意味がない、というのなら、50万円を給料に決めましょう。この場合、50万円は固定費になります。あとは？　だんご屋なら、自宅を使って開業できるので、自分の給料という固定費50万円と、団子を作るのに必要な原材料費という変動費さえあればＯＫということにしましょう。

ちなみに、だんごは1本１００円で売ります。原材料費は1本あたり50円です。

他の与件が一切ないものとして、販売価格100円、原価は50円のだんごを売って、月々50万円の自分の給料を確保するために必要な売上高はいくらになりますか。

限界利益の考え方に則れば、だんご1本につき50円の限界利益があるのですが、それが積みあがって50万円になるための販売数量は1万本ということになります。

1万本、すなわち100万円の売上を毎月確保する自信があるのなら、だんご屋を開業しても、月給として欲しがっている50万円を確保できることになります。

100万円（1万本）－50万円（原価…変動費）＝50万円（固定費…給料）

念のため、計算式に従って、損益分岐点を計算してみましょう。

固定費÷（1－変動費率）＝損益分岐点売上
50万円÷（1－0・5）＝100万円

やはり、月100万円の売上が上げられれば、商売としては成立しそうです。

月に1万本ということは、月に20日営業すると仮定して、１日あたり５００本です。さあ、脱サラしてだんご屋をやるかどうかの判断基準は、月に20日の営業を前提として、１日に５００本のだんごを売る自信があるかどうかで、判断すればよいということがわかりました。

次に「宝石屋」の場合はどうでしょうか。考え方は同じです。ただ、宝石は原価が低くて売上総利益率はいいのですが、単価が高いのが難点です。

ちなみに、仕入れようとしている宝石は原価が30万円です。競合の店先を覗いてみたら、同じものが１００万円という価格で売られていました。とりあえず売るとしたら、同じ価格にしようと思い、設定販売価格は１００万円。仕入原価は30万円で、当然これは変動費です。売上総利益率は70％となります。

売り方としては、店舗を設定するのではなく、訪問販売をしようと思っているので、店舗維持費用もかかりません。欲しいのは自分の給料としての50万円だけです。

これもまた、損益分岐点で考えてみましょう。

> 50万円÷（１－０・３）＝71万４２８５円――販売価格１００万円として０・７個

宝石を0・7個売るということはあり得ないので、実際上は1個売る必要があるということです。つまり、月に1個売れれば、自分の給料50万円は確保できるということになります。どうでしょう。会計的な基礎知識があれば、こういう判断を客観的にできるようになります。漠然と、単価が安そうだからどうだろう、とか、価格が高いものになりそうだけど、自分に売れるだろうかと逡巡するよりも、「だんごを1日500本売れるか」「100万円の宝石を月に1個売れるか」という具体的なテーマを設定するほうが、判断しやすいはずです。

財務会計の知識は、企業の活動実績を正しく記録するための技術であり、その内容をより役立つ情報に変換するためのノウハウです。基本的には過去の実績(実際に行なわれた事業活動)に対して使われるものなのですが、この例のように、将来的な事業の内容について、正しい判断をするための基礎情報を加工することにも使えるのです。

実際の仕事の現場でも、新規事業の企画などを担当したことのある方なら、損益分岐点計算の結果を企画書に付けて、社内でプレゼンテーションをする、という機会も多いのではないでしょうか。もし、これまでそうしたことをしていなかったのなら、これからは「損益分岐点」という発想を加えることをお勧めします。

企画書の説得力が違ってくることと思います。

第2節　実現できなかった利益を考える——機会原価という発想——

財務諸表では見えてこない商売のコツ

今度のテーマは、少々変化球です。どう変化球なのかというと、本来、ここで説明する「機会原価」というものは、財務諸表的に表に出てくることのない考え方なのです。

厳密にいえば、固定費・変動費という考え方も、費用をどういう切り口で分類するかということであり、貸借対照表や損益計算書に「固定費・変動費」という項目は出てきません（固定資産・固定負債という用語はありますが、これは似て非なるものです）。しかし、人件費は固定費で、売上原価は変動費だと分類すると、そもそもの人件費や売上原価が財務諸表に出てきます。そういう意味では、固定費・変動費は、まだ財務諸表との関係性が密接です。しかし、機会原価はそういう言葉が出てこないばかりか、財務諸表上のこれとこれが機会原価だと示せるものさえないのです。

とにかく、それはそれとして、ビジネス上はとても役立つ考え方なので、機会原価について説明していきましょう。

仕入れた商品を全部売ったのに怒られる不思議

あるコンビニエンス・ストアAでの話。このコンビニは、地域に5店舗を出店するチェーン店です。毎週月曜日には5店舗の店長を集めて、本社事務所で店長会議が開かれます。当然、社長も出席して、各店舗の売上状況などを報告します。

ある日の店長会議。いつものように前週の売上状況を各店長が報告し、そろそろ散会という頃、社長が一言「そういえば、今度の日曜日は○○小学校と、××小学校で運動会だな。最近のおかあさんは、コンビニでお弁当を買うことも多いようだから、○○小学校と××小学校近くの店舗は、いつもより多めにお弁当類を仕入れておくように」といいました。

A店はまさに○○小学校に隣接するコンビニです。普段、このコンビニでは、おにぎりが1日100個程度売れているのですが、社長がいうように、近所で何かイベントがあるとお弁当類がよく売れることはわかっていました。特におにぎりは、何か活動しながらでも手軽に食べられるので、売れ筋です。そこでA店の店長は、いつもの倍の200個のおにぎりを発注することを心に決めました。

いざ、日曜日。気持ちいいほどの晴天です。朝早くから運動会の開催を告げる号砲が響き、お店も大繁盛の予感です。おにぎりも、前日に200個を発注済みです。

朝8時過ぎ。次々にお客様が現れて、おにぎりを5個、10個と買っていきます。朝の2時間ほどの間に、ふだんなら1日分の販売個数である100個をすでに売り切っています。10時過ぎには、いったん運動会客が途切れましたが、11時過ぎ頃になって再びお客様でごった返しました。おにぎりは飛ぶように売れて、午後2時前には完売しました。予想が当たって、いつもの倍のおにぎりを完売した店長はホクホク顔です。

翌月曜日の店長会議です。A店の店長は報告が楽しみです。社長が着席して、店長会議が始まりました。順次、店長の報告が続き、××小学校の近くにあるB店店長の報告が始まりました。

「昨日、××小学校で運動会がありましたので、当店ではふだん100個程度売れるおにぎりを250個仕入れて、売上増を目指しました。結果的に220個売れましたが、30個の売れ残りを出してしまいました」

社長はその報告を聞いて、「うむ。いつもの2・2倍売ったのはすばらしいが、30個の売れ残りは残念だったな」とコメントしました。

A店の店長は思いました（うちは、200個だったけど、売れ残りはゼロだ。ムダが出なかった分、こっちのほうが褒められるぞ）。

いざ、A店の報告です。店長は得意顔で、いつもの倍の200個のおにぎりを仕入れたこと、そして、午後2時前には完売したことを報告しました。

すると社長が、「君はなんというもったいないことをしたんだ。バカモノが!!」と怒られてしまいました。店長は何故怒られたのかがわからず、ただオロオロするばかりでした。

機会原価という発想

何故、A店長は怒られたのでしょうか。

それは、「おにぎりを220個以上仕入れていれば、220個売れたはずなのに、200個の仕入を選択したことによって、20個の販売機会を逃した」からです。これを機会損失といいます。

ビジネスの現場では、複数の選択肢が用意されていることが多々あります。今回のおにぎりについても、「いつもどおり100個仕入れる」、「いつもの倍の200個仕入れる」、「B店にならって250個仕入れる」といった選択肢がありました。

当然ながら、これらの選択肢はトレードオフの関係にあり、どれかひとつを選択すると、他の選択肢は実行できません。

この時、「選ばなかった選択肢を、もし選んでいたら得られたであろう収益」のことを機会原価といいます。取り上げた事例でいえば、「250個仕入れる」という選択肢を選んでいたら、220個のおにぎりが売れたかもしれず、1個が100円だったとすると、実際に売れた200個との差の分（100円×20個で）2000円多く売り上げられたはずで、この2000円を儲けそこなったと考えるのです。

財務諸表には表われない機会原価

売れ残ってしまったおにぎりを廃棄処分にすると、それは「商品廃棄損」などの形で財務諸表に記録されます。しかし、「こうすれば、あと2000円儲かったはず」という機会原価は、財務諸表には記録されません。

しかし、ビジネスにおいて、複数の選択肢の中からどれかひとつを選ぶ意思決定をする場合に、機会原価の考え方を持っているかどうかはとても大切です。

財務諸表上はともかく、ビジネスにおいては実現できなかった収益は損をしたものと考えるわけです。ですから、どの選択肢を選んだ場合に、どれだけ収益が上がるのか、どれだけの損をするのか、ということを常に比較しながら、意思決定することが求められるのです。

この時、機会原価の考え方では、獲得できたであろう収益を基準に考えるという点に注意してください。言葉自体は「原価」という言葉で表現されているのですが、実際の中身としては収益なのです。

第3節　習うより慣れろ！　実際に財務諸表を作ってみよう

雑貨屋のオーナーになったつもりで財務諸表を作る

この節では、これまで説明してきたことをベースにして、実際に財務諸表を作ってみることにします。「習うより慣れろ」です。

簿記などの基礎知識がなくても、損益計算書や貸借対照表が出来上がっていく過程と、その過程での損益計算書と貸借対照表の関係性を理解できるように構成しました。

必要に応じて随所に簿記的な説明も加えることで、まったくの初心者の方であっても、単に読み進めるだけで、財務諸表の構成が理解できるようにしたつもりです。肩に力を入れることなく、気楽に読み進めてください。またもし、多少なりとも簿記や会計の勉強をした経験のある方は、与件に沿って自分で財務諸表を作ってみるのもいいでしょう。

〈前提〉

あなた自身が雑貨屋を開業することになりました。今日は4月1日。来年の3月31日までの1年間、仕入れや販売などを繰り返すことで、どのように財務諸表が変化していくかを、1カ月単位で追いかけていくことにしましょう。基本的に、1カ月にひとつの取引事例を取り上げることで、損益計算書と貸借対照表上の動きが明確にわかるようにしています。ただし、後半以降は複数の取引を取り上げています。ちょっとだけ難易度が上がるかもしれませんが、それほど複雑な内容ではありませんから大丈夫です。

■4月

〈取引内容〉

現金1０００万円を用意し、それを資本金として株式会社を設立した。

〈解説〉

企業の取引を財務会計的に記録する際には、「取引には2面性がある」ということを前提とします。

「資本金1０００万円で会社を設立した」という場合には、「現金が1０００万円増えた」という側面と、「1０００万円を資本金にした」という側面の両方を記録するわけです。

「商品仕入」という取引においても同様です。たとえば100万円分の商品を現金で買ったとすると、「商品100万円分が入ってきた」という側面と、「(その代金として)現金100万円を払った」という側面の2つを財務諸表に記録するのです。

そこで、今回の場合、貸借対照表の右側下段(純資産の部)に、「資本金1000万円」が記載されると同時に、左側に「現金1000万円」が記載されます(図8)。

貸借対照表の右と左への記載はどうやって区別するのかということは、すでに説明しました。確認します。貸借対照表の右側は「資金の調達」です。「どうやってお金を集めたか」が書かれます。「資本金という方法で1000万円集めた」ので、右側です。かつ右側は上のほうに負債を、下のほうに純資産を書く決まりなので、「資本金1000万円」は、下のほうに書かれるわけです。

そして、右側の合計と、左側の合計は、それぞれ1000万円で均しくなります(バランスします)。ここは常に均しくなっていないと、どこかに間違いがあることになります。注意してください。

「資本金が現金で用意された」という取引内容は、会社の損益とは関係がないので、下の損益計算書は白紙のままです。

図8　4月

単位：万円

資産の部		負債の部	
現金	1000		
		純資産の部	
		資本金	1000
	1000		1000

単位：万円

売上高	
売上原価	
売上総利益	
〈販管費〉	
給料	
家賃	
利益	

図9　5月

単位：万円

資産の部		負債の部	
現金	300		
商品	700		
		純資産の部	
		資本金	1000
	1000		1000

単位：万円

売上高	
売上原価	
売上総利益	
〈販管費〉	
給料	
家賃	
利益	

■5月

〈取引内容〉

1個7000円の商品を1000個仕入れて、代金を現金で支払った。

〈解説〉

総額700万円分の商品が入ってくると同時に、現金700万円が支払いで出ていくという2面性を記載します。貸借対照表の左側(資産の部)に「商品700万円」が入ってきて、同時に「現金300万円」となります。もともと1000万円の現金がありましたが、そのうち700万円を商品の仕入代金で支払ったからです。純資産の部にある1000万円は変化なしです。資本金自体は増えても減ってもいないからです（図9）。

損益計算書も白紙のままです。（商品を仕入れたのだから、売上原価じゃないか？）と思った方は間違いです。売上原価は売上に対応して計上します。商品を仕入れただけでは、まだ売上が立っていないので、原価としては発生しません。

■6月

〈取引内容〉

店舗が必要なので、ほどよい物件を探し、改装などをしなくてもすぐに商売が始められるいい物件があったので、早速契約して、保証金100万円を振り込んだ。入居は7月中だが、家賃の支払いは9月分を8月から払えばいいことになった。

〈解説〉

店舗を借りるための保証金は、契約を解除すると戻ってくるものなので、費用ではありません。一時的に大家さんに預けたものと考えます。ただ、1年以内に返してもらうようなものではないので、固定資産に属することになります。現金100万円を払って、保証金という後で返してもらえる権利を手に入れた、というような考え方になります。

ですから、資産の部から、現金100万円が減って、固定資産100万円が増えるという記載の仕方になります（図10）。

図10　6月

単位：万円

資産の部		負債の部	
現金	200		
商品	700		
		純資産の部	
保証金	100	資本金	1000
	1000		1000

単位：万円

売上高	
売上原価	
売上総利益	
〈販管費〉	
給料	
家賃	
利益	

（でも、保証金は、返してもらう時には、償却とか原状回復費用とかいって、いくらか減ってしまうじゃないか）と思った方もいるでしょう。賃貸契約を解除して保証金を返してもらう際には、確かに償却がかかったり、原状回復のための費用を差し引かれたりします。しかし、これは解約の時に（それらの費用が現実化した時に）計上するので、保証金を預ける時点では、100万円がまるまる資産となります。

この月も、損益計算書には変化がなく、白紙のままです。

■7月

〈取引内容〉

知人の会社で、10周年記念で社員に記念品を配りたいということで、販売価格1万円の商品が500個売れたが、先方の取引条件で、代金500万円は、支払い期日9月末日の掛け売りとなった。

〈解説〉

7月に入って、いよいよ営業開始です。幸運なことに、知人の紹介でいきなり大口の取引が成立しました。幸先のいいスタートです。具体的な販売活動が始まり、売上が上がったので、いよいよ損益計算書にも変化が出てきます。

まず、商品500個が売れて、500万円の売上が上がったので、「売上高500万円」が計上されます。かつ、商品500個分の原価「350万円」が売上原価に計上されて、売上総利益150万円が生まれました。これらの内容は損益計算書に記載されます。

さらに、こうした取引が成立したことで、会社の財産（資産）の状況も当然変化しているので、その変化を貸借対照表にも記載しなくてはなりません。

どんな変化かというと、まずは「売掛金500万円が増えた」という変化です。本来であれば500万円の現金が入るはずですが、掛け売りなので、すぐに現金は入らず、「売掛金500万円」が増えることになります。

同時に、棚卸商品から500個の商品が出荷されてなくなったので、その分を引かなくてはなりません。商品５００個は金額にして３５０万円（仕入れの単価は７０００円でしたね）です。元々の商品７００万円から３５０万円を引いて、商品在庫は３５０万円となりました。

ここで注意点がひとつあります。５００万円の売上に対して、売上原価が３５０万円ですから、差引き１５０万円の利益が生まれたわけですが、この「利益１５０万円」はどこに記載されるのか、ということです。この利益は、純資産の部（貸借対照表の右下）に組み込まれます。ここに利益１５０万円が入ることで、純資産はこれまでの「資本金１０００万円」から、「資本金１０００万円＋利益１５０万円」で、総額１１５０万円に増えています（図11）。

図11　7月

単位：万円

資産の部		負債の部	
現金	200		
売掛金	500		
商品	350		
		純資産の部	
保証金	100	資本金	1000
		利益	150
	1150		1150

単位：万円

売上高	500
売上原価	350
売上総利益	150
〈販管費〉	
給料	
家賃	
利益	150

実は、損益計算書と貸借対照表をつなぐポイントは、この「利益」なのです。損益計算書は「事業活動によってどれだけ売上を獲得し、その売上を獲得するために費やした費用はいくらか」、ということを記録して、利益の額を確

定させるための書類です。それに対して、貸借対照表は、「（ある時点で）どんな財産（資産）をどんな形で所有しているのか、その財産（資産）は、どういう方法で調達されたのか」ということを表した書類です。本来の趣旨が違いますので、書かれている内容はまったく別のものです。ここを混同してしまうことで、財務諸表が理解しにくくなっているようです。実際問題、どちらも数字を扱っていますが、書かれている費目はほとんど異なっています。ただ「利益」だけは、損益計算書の「利益」と、貸借対照表の「利益」が、同じに計上されます。

これが「損益計算書と貸借対照表は利益でつながっている」ということの意味です。

■8月

〈取引内容〉

家賃50万円と、給料50万円を現金で支払った。

〈解説〉

家賃も給料も、営業活動上必要な費用であり「販売費及び一般管理費」の中のひとつです。ですから、これらは損益計算書上に計上されます。当然、その下の「利益」も100万円減ります。取引の2面性ということでいうと、「給料を払った」という側面と、「給料分の現金がなくなった」という側面があり、「現金がなくなった」という側面については、現金とい

図12　8月

単位：万円

資産の部		負債の部	
現金	100		
売掛金	500		
商品	350		
		純資産の部	
保証金	100	資本金	1000
		利益	50
	1050		1050

単位：万円

売上高	500
売上原価	350
売上総利益	150
〈販管費〉	
給料	50
家賃	50
利益	50

図13　9月

単位：万円

資産の部		負債の部	
現金	500		
売掛金	300		
商品	140		
		純資産の部	
保証金	100	資本金	1000
		利益	40
	1040		1040

単位：万円

売上高	800
売上原価	560
売上総利益	240
〈販管費〉	
給料	100
家賃	100
利益	40

う財産（資産）が減ったということなので、貸借対照表の「現金」からその分を差し引きます。今月の取引は、家賃50万円と給料50万円の支払いなので、総額１００万円が貸借対照表の「現金」から減らしています（図12）。

■9月

〈取引内容〉

7月に一度納品した企業から、今月は追加で商品が３００個、３００万円で売れた。代金は11月末日払いの掛けだった。月末に先の7月分の代金５００万円が振り込まれた。今月も家賃50万円と給料50万円を現金で支払った。

〈解説〉

今月は、複数の取引があります。ただし、ひとつひとつ切り分けて見ていけば、それほど難しい取引内容ではありません。

売上関係を整理しましょう。まずは「売上高３００万円」が損益計算書に計上されます。前回の売上と合算して、売上高は８００万円になりました。同時に、その売上原価である商品代が２１０万円となりますので、前回の原価３５０万円と合算して、「売上原価５６０万円」となります。

引き続き、損益計算書関連を整理してしまいましょう。今度は経費の支払い関係です。今月の取引の中では、家賃支払いと給料支払いが損益計算書項目です。販管費の「給料・家賃」のところに、それぞれ50万円を足します。

これにより、最終の利益は「40万円」になってしまいました。先月までは50万円の利益があったので、今月のビジネスは10万円のマイナスということになります。

損益計算書はこれで完成です。

次に貸借対照表を整理していきます。まず、今月の売上３００万円は掛け売りなので、

で消え、結果として売掛金は３００万円です。同時に商品が２１０万円分減っていますので、商品は１４０万円になります。売上関係に基づく貸借対照表の変化は以上です。次に、経費である家賃50万円と給料50万円は現金で支払っていますので、「現金」が１００万円減ります。ただし、７月に売り上げて売掛金になっていた５００万円が入金されたので、「売掛金５００万円」がマイナスとなり、かわりに「現金」が５００万円増えます。

そして、利益は前月の50万円から40万円に減ります（図13）。

■10月

〈取引内容〉

商品が少なくなってきたので、今月は５００個の商品を仕入れた。１個単価は前回と同じ７０００円だったが、前回の実績が評価され、今回は代金３５０万円の支払いを、11月末日銀行振込みの掛けにしてくれた。売上はゼロだったが、家賃50万円と、給料50万円は、いつもどおり現金で支払った。

〈解説〉

まずは商品の仕入れを処理しましょう。記載するのは貸借対照表です。１個７０００円の商品を500個仕入れた代金の350万円は掛けなので、商品は350万円分入ってきても、今回は「現金」が減ることはありません。しかし、貸借対照表の左側（資産）の商品が350万円増えて、「現金」が減らないと、左側の合計と右側の合計がバランスしません。そして、今回は掛け買いです。つまり350万円の買掛金という借金を背負ったようなものです。借金のようなものは右側に記載する約束なので、右側に「買掛金350万円」が記載され、これで右と左がバランスします。

さて、今月は売上がゼロのようですが、それでも経費は支払わなくてはなりません。損益計算書の販管費のところの「給料」「家賃」が、それぞれ50万円ずつ増えます。さあ大変です。売上が上がらず、利益が増えていないのに、100万円も経費が増えたことで、ついに利益がマイナスになってしまいました。

この△60万円は、当然に貸借対照表にも反映されます。

もう一度、貸借対照表に戻ります。給料と家賃を合わせた100万円は現金で支払っているので、「現金」が100万円減って、残り400万円となります。そして、損益計算書に出ている△60万円が純資産の部に計上され、この月の財務諸表は完成です（図14）。

図14　10月

単位：万円

資産の部		負債の部	
現金	400	買掛金	350
売掛金	300		
商品	490		
		純資産の部	
保証金	100	資本金	1000
		利益	-60
	1290		1290

単位：万円

売上高	800
売上原価	560
売上総利益	240
〈販管費〉	
給料	150
家賃	150
利益	-60

図15　11月

単位：万円

資産の部		負債の部	
現金	250	買掛金	0
売掛金	0		
商品	490		
		純資産の部	
保証金	100	資本金	1000
		利益	-160
	840		840

単位：万円

売上高	800
売上原価	560
売上総利益	240
〈販管費〉	
給料	200
家賃	200
利益	-160

■11月

〈取引内容〉

9月に販売した分の代金300万円が振り込まれた。また、先月購入した商品の代金350万円を支払った。今月も売上はゼロだったが、家賃50万円と給料50万円は現金で支払った。

〈解説〉

貸借対照表に記載されている売掛金のうち、300万円が現金化しました。売掛金を300万円減らして、「現金」を300万円増やします。

また、先月の商品購入代金350万円は、買掛金として実際には現金支出がありませんでしたが、今月末には支払いをしましたので、「現金」が350万円減って、同時に「買掛金350万円」という借金のようなものも解消されてゼロとなります。

損益計算書については、売上がゼロでしたが、無情にも経費は支払わなければなりませんので、「給料・家賃」がそれぞれ50万円増えます。最終利益の赤字幅が、単純に100万円増えて、△160万円になってしまいました。

そして再び、貸借対照表に戻ります。「給料・家賃」が現金で支払われたので、「現金」から100万円を減らさなければなりません。最終的に今月の現金残は250万円となりました。同時に、右下の純資産の部の「利益」のところは、△160万円となります（図15）。

■12月

〈取引内容〉

ある企業に商品600個が売れ、売上600万円が計上できた。ただし、代金は手形とのことで、600万円の手形を受け取ってきた。満期期日は3月末日だった。今月もいつものように家賃と給料をそれぞれ50万円ずつ支払った。

〈解説〉

まずは、損益計算書項目を整理してしまいましょう。売上６００万円を計上し、その売上原価として、６００万円分の商品４２０万円を売上原価に計上します。さらに、販管費項目である給料と家賃をそれぞれ50万円ずつ上乗せして、単月ベースでは（１８０万円の粗利益に対して、販管費は１００万円なので差額が利益となる）、利益は80万円となります。これにより最終的な利益としては、前月までの△１６０万円に80万円を足して、△80万円となりました。

図16　12月

単位：万円

資産の部		負債の部	
現金	150	買掛金	0
売掛金	0		
商品	70		
受取手形	600	**純資産の部**	
		資本金	1000
保証金	100	利益	-80
	920		920

単位：万円

売上高	1400
売上原価	980
売上総利益	420
〈販管費〉	
給料	250
家賃	250
利益	-80

さて、今度は貸借対照表項目を整理します。売上の６００万円はその場で支払ってもらえなかったので、現金収入にはなりません。これまでの経緯でいえば、「売掛金」になるのですが、今回は、代金として手形を受け取っていま

すので、貸借対照表上は売掛金ではなく、「受取手形６００万円」と記載します。

売掛金も受取手形も、将来的にお金を支払ってもらう権利であるという意味では同じです。しかし、貸借対照表では、どちらも同じに扱うのではなく、売掛金は売掛金、手形は手形、と分けているのはなぜでしょうか。


それは、売掛金は取引先との間で取り決めた支払日まで現金化できないのに対して、手形の場合には「割引」といって、約定の満期期日以前に現金化する方法があるからです。

たとえば、12月末日に手形を受け取って、その満期日が3月末日であったとしても、金融機関などに持ち込めば、割引手数料などの費用はかかりますが、その金融機関が手形を発行した相手方に代わって、支払いをしてくれるのです。これは一種の借金ではあるのですが、売掛金よりは現金化が早くできる可能性があるので、あくまでも売掛金と受取手形は別のものとして処理しておく必要があるのです。


一般的には、当月末日の請求書に基づいて、翌月15日や末日など決められた期日に手形が発行されます。そして、手形が発行された期日（当月末ではなく、翌月15日や30日が起算日になるということです）から起算して、60日とか90日とかの期間を経て、現金化できます。

この流れを貸借対照表的にまとめると、「売上＝売掛金（当月末日時点）→受取手形（15日や翌月末日時点）→現金（満期日）」という変化の仕方をします。

さて、貸借対照表ですが、商品が４２０万円減って70万円になり、現金も給料・家賃で１００万円減って１５０万円になっています（図16）。

■１月

〈取引内容〉

在庫が少なくなったので、商品５００個を仕入れて、代金３５０万円は翌月末日払いの掛けにした。また、今月は新たな取引先に商品４００個が売れ、売上４００万円を計上できた。しかし、この会社も掛けで、支払いは翌々月末日（３月）とのことなので、現金化できるのは、３月末日になる。現金が一向に入ってこないが、給料50万円と家賃50万円はいつもどおり現金で支払った。

〈解説〉

取引内容自体は、これまでの各月の取引内容と同様のものが並んでいるので、それほど悩むことはないと思います。

まず損益計算書項目を整理します。売上４００万円が計上され、それに対応する売上原価は２８０万円です。給料・家賃をそれぞれ50万円ずつ増やしますが、粗利益の増額分が１２

0万円ありますので、販管費の増額分100万円を差し引いても、利益を20万円増やすことができました。前月までの利益が△80万円だったので、今月分の利益20万円を足して、最終利益は△60万円となりました。

続いて貸借対照表項目です。商品の仕入れに基づいて350万円分の棚卸商品が増え、その支払いが掛けなので、買掛金が350万円増えます。給料と家賃はいつもどおり現金払いなので、「現金」が100万円減ります。また、400万円の売上は掛け売りなので、売掛金も400万円増えます（図17）。

■2月

〈取引内容〉

売上が上がっても一向に入金がないため、現金が不足気味となる。給料や家賃の支払いにも困ってしまうような状況なので、銀行にお願いして、500万円の借入をした。商品もわずかになっているため、500個を新たに仕入れて、代金の350万円は4月払いの掛けとした。ただし、今月末には前月の仕入れ分の買掛金350万円を支払ったので、買掛金の残高は変わらなかった。

また、今月も600万円の売上が立ったが、これもやはり4月末日払いの掛けだったので、

図17　1月

単位：万円

資産の部		負債の部	
現金	50	買掛金	350
売掛金	400		
商品	140		
受取手形	600		
		純資産の部	
保証金	100	資本金	1000
		利益	-60
	1290		1290

単位：万円

売上高	1800
売上原価	1260
売上総利益	540
〈販管費〉	
給料	300
家賃	300
利益	-60

図18　2月

単位：万円

資産の部		負債の部	
現金	100	買掛金	350
売掛金	1000	借入	500
商品	70		
受取手形	600		
		純資産の部	
保証金	100	資本金	1000
		利益	20
	1870		1870

単位：万円

売上高	2400
売上原価	1680
売上総利益	720
〈販管費〉	
給料	350
家賃	350
利益	20

現金収入はない。

もちろん、給料と家賃の各50万円はしっかりと現金で支払った。

〈解説〉

まずは損益計算書項目を整理しましょう。今月の売上は600万円でした。対応する原価は420万円です。（売上−原価）で見ると、今月だけで180万円の粗利益でした。給料・家賃はいつものように、各50万円を支払っているので、販管費が100万円増え、最終利益は80万円増となりました。前月までの最終利益が△60万円でしたから、今月で一気に黒字に転換できました。

しかし、貸借対照表を見てみれば、前月の「現金」は50万円で、損益計算書上は利益が出ているにもかかわらず、現金が足りません。「給料・家賃」の100万円に、買掛金支払いの350万円も月末までに用意しなくてはなりません。

そこで銀行借入を起こしました。金額は500万円です。この取引内容は貸借対照表に記載されます。まずは「借入500万円」が右側に記載されます。そして、その分の「現金」が500万円増えて、トータル550万円となりました。しかし、そこから「買掛金350万円」と「給料・家賃100万円」を支払ったので、最終的な「現金」の残高は100万円です（図18）。

さて、この月の動きの中で注目していただきたいのが、「帳簿上は利益が出ているのに、実際の資金繰りにおいては、借金をしないと回っていかない」状況だということです。まさに、〝勘定合って銭足りず〟の状態です。

なぜそんなことになってしまったのかというと、売掛金や受取手形などが多いために、売上が現金になっていないことが原因です。買掛金なども使い、支払いを繰り延べることで、なんとか回そうとしてみても、買掛金の支払いサイト（1カ月）よりも、売掛金の回収サイト（2カ月後とか、3カ月後）が長いと、こういう事態が生起してしまうのです。

このことは、ビジネスに携わる者としては、しっかりと理解しておきたいものです。

■3月

〈取引内容〉

今月の売上はゼロだった。しかし、12月に受け取った手形が現金化でき、かつ1月の売掛金400万円が入金された。売上がゼロでも、給料と家賃は払わねばならないので、合計1００万円を現金で支払った。

図19　3月

単位：万円

資産の部		負債の部	
現金	1000	買掛金	350
売掛金	600	借入	500
商品	70		
		純資産の部	
保証金	100	資本金	1000
		利益	-80
	1770		1770

単位：万円

売上高	2400
売上原価	1680
売上総利益	720
〈販管費〉	
給料	400
家賃	400
利益	-80

〈解説〉

いよいよ決算という月に売上ゼロは残念でした。しかし、それでも経費の支払いは発生します。しかし、売掛金の回収額が大きいので、支払い資金は潤沢にあります。

さて、損益計算書項目は、給料と家賃の経費支出だけです。販管費の給料と家賃がそれぞれ50万円増えます。

貸借対照表を見ます。給料・家賃は現金払いなので、「現金」が１００万円減ります。しかし同時に、売掛金と手形を現金化できているので、差引きで現金は１０００万円となりました（図19）。

なお、最後に「キャッシュフロー計算書」をつけました（表16）。１年間の事業活動を通じて、キャッシュが増えたのかどうかがわかります。

まず「営業キャッシュフロー」を見てみると、△４００万円です。これが意味するところはどんなことでしょうか。そうです。営業活動によってはキャッシュを増やすことができなかったということです。

次に「投資キャッシュフロー」です。△１００万円です。投資キャッシュフローがマイナスということは、投資にお金を使っているということなので、積極的な攻めの経営をしている可能性が高いということです。まあ、今回のケースの場合には保証金ですから、「投資」などというほどのものではありませんが。

最後に「財務キャッシュフロー」です。５００万円のプラスです。５００万円の借入をし

表16　キャッシュ・フロー計算書

（単位：万円）

項　目	金　額
Ⅰ営業活動によるキャッシュ・フロー	
（1）当期純利益（＋）	-80
（2）非資金の費用項目	
1.減価償却費（＋）	0
2.諸引当金の増加（＋）・減少（－）額	0
（3）回収・支払サイト	
1.受取手形の増加（－）・減少（＋）額	0
2.売掛金の増加（－）・減少（＋）額	-600
3.棚卸資産の増加（－）・減少（＋）額	-70
4.その他の流動資産の増加（－）・減少（＋）額	0
5.支払手形の増加（＋）・減少（－）額	0
6.買掛金の増加（＋）・減少（－）額	350
7.前受金の増加（＋）・減少（－）額	0
8.その他の流動資産の増加（＋）・減少（－）額	0
9.その他の固定負債の増加（＋）・減少（－）額	0
10.利益処分による役員賞与の支払（－）額	0
（①の計）	-400
Ⅱ投資活動によるキャッシュ・フロー	
1.有価証券の購入（－）・売却（＋）額	0
2.短期貸付金の貸付（－）・回収（＋）額	0
3.土地の購入（－）・売却（+）額	0
4.減価償却資産の増加（－）・減少（＋）額	0
5.建設仮勘定の増加（－）・減少（＋）額	0
6.無形固定資産の増加（－）・減少（＋）額	0
7.投資有価証券の購入（－）・売却（＋）額	0
8.長期貸付金の貸付（－）・回収（＋）額	0
9.その他の固定資産の増加（－）・減少（＋）額	-100
10.繰延資産の増加（－）・減少（＋）額	0
（Ⅱの計）	-100
Ⅲ財務活動によるキャッシュ・フロー	
1.短期借入金の増加（＋）・減少（－）額	500
2.長期借入金の増加（＋）減少（－）額	0
3.社債の増加（＋）・返済（－）額	0
4.増資（＋）額	0
5.自己株式その他の増加・減少額	0
6.剰余金の配当の支払（－）額	0
（Ⅲの計）	500
キャッシュの増加・減少額（Ⅰ＋Ⅱ＋Ⅲ）	0
キャッシュの期首残高	1000
キャッシュの期末残高	1000
検算（貸借対照表の現金及び預金）	1000

ていますので、その結果が反映されています。

さて最終的には、この1年間の活動によって、キャッシュは増えてもいないし、減ってもいないという結果でした。この雑貨店の今後の課題は、とにかく営業キャッシュフローをプラスに転換していくことだといえるでしょう。

取引項目が増えても、基本は変わらない

どうでしたか？　とても単純化した事例で説明してきましたが、損益計算書と貸借対照表が出来上がっていく過程は、おおむねこうした取引の繰り返しです。

ただ、実際の企業活動を財務諸表で表す場合には、こうした取引が何十、何百、あるいは何千、何万と繰り返されるわけです。もちろん、勘定科目も、この事例で取り上げたほど少ないわけではありません。もっといろいろな科目があります。

しかし、ここで説明したような、基本的な構造を理解してしまえば、財務諸表を読み解くことは、それほど難しいことではありません。

特に経理や財務・会計を直接担当していない方なら、基礎知識としては、この程度でも、十分に実務的に活用することができます。

「この会社と取引を開始しても大丈夫だろうか」と不安に思ったら、まずは損益計算書を過去数年分用意して、きちんと利益が出ているかどうかを確認し、さらに貸借対照表を見て、流動比率や当座比率を分析し、支払い能力が高いか低いかをチェックすれば良いのです。そうした方法については、本書の中で解説しました。暗記する必要などありません。忘れてしまったら、その都度、本書を読み返してください。

本書を読んで、財務諸表を読み解くことに興味を覚えたなら、今後は、ひとつでも多くの財務諸表に目を通すようにしてください。いろいろな企業の財務諸表に接していくことで、より数字に対するカンのようなものが磨かれていくと思います。

必要なのは「習うより慣れろ」です。ここで習得した知識を活用して、是非、財務感覚に磨きをかけてください。

★読者のみなさまにお願い

この本をお読みになって、どんな感想をお持ちでしょうか。次ページの「100字書評」(原稿用紙)にご記入のうえ、ページを切りとり、左記編集部までお送りいただけたらありがたく存じます。今後の企画の参考にさせていただきます。また、電子メールでも結構です。

お寄せいただいた「100字書評」は、ご了解のうえ新聞・雑誌などを通じて紹介させていただくこともあります。採用の場合は、特製図書カードを差しあげます。

なお、ご記入のお名前、ご住所、ご連絡先等は、書評紹介の事前了解、謝礼のお届け以外の目的で利用することはありません。また、それらの情報を六カ月を超えて保管することもありません。

〒一〇一—八七〇一　東京都千代田区神田神保町三—六—五　九段尚学ビル
祥伝社　書籍出版部　祥伝社新書編集部
電話〇三(三二六五)二三一〇　E-Mail : shinsho@shodensha.co.jp

キリトリ線

★本書の購入動機（新聞名か雑誌名、あるいは○をつけてください）

＿＿＿新聞の広告を見て	＿＿＿誌の広告を見て	＿＿＿新聞の書評を見て	＿＿＿誌の書評を見て	書店で見かけて	知人のすすめで

★１００字書評……100円ショップの会計学

名前

住所

年齢

職業

増田茂行　ますだ・しげゆき

1950年東京生まれ。中央大学卒業。家業の酒販店に従事の後、中小企業診断士登録をして会計事務所に勤務。1987年税理士登録。1990年に独立開業。現在、増田会計事務所所長、株式会社タクト代表取締役として、中小企業に対するコンサルティング・経理・税務の実務指導に携わる。中小企業基盤整備機構セミナー講師。東京都振興公社評議委員。著書に「簿記のすべて」(日本文芸社)、「手形・小切手・為替のしくみ」(日本文芸社) などがある。

100円《えん》ショップの会計学《かいけいがく》

決算書で読む「儲け」のからくり

増田《ますだ》茂行《しげゆき》

2008年11月5日　初版第1刷発行

発行者……………深澤健一

発行所……………祥伝社《しょうでんしゃ》

〒101-8701　東京都千代田区神田神保町3-6-5

電話　03(3265)2081(販売部)

電話　03(3265)2310(編集部)

電話　03(3265)3622(業務部)

ホームページ　http://www.shodensha.co.jp/

装丁者……………盛川和洋

印刷所……………萩原印刷

製本所……………ナショナル製本

造本には十分注意しておりますが、万一、落丁、乱丁などの不良品がありましたら、「業務部」あてにお送りください。送料小社負担にてお取り替えいたします。

Printed in Japan　ISBN978-4-396-11130-4　C0233

〈祥伝社新書〉
大好評! “最先端医療シリーズ”

001
抗癌剤　知らずに亡くなる年間30万人
「手術がすべて」と思うなかれ! 最新抗癌剤治療の全貌を明かす
外科医
平岩正樹

012
副作用　その薬が危ない
「病気を治す薬」が「新たな病気を作る」! 意外な実例を満載
内科医
大和田潔

034
ピロリ菌　日本人6千万人の体に棲《す》む胃癌の元凶
胃癌・潰瘍《かいよう》を未然に防ぐための全情報!
内科医
伊藤愼芳

039
前立腺　男なら覚悟したい病気
40歳以上の中高年男性必読! 気になる症状の原因と対策がわかる
日本医科大学教授
平岡保紀

072
がんは8割防げる
がんを予防するための生活術がある。そのポイントを数値でチェック!
新潟大学医学部教授
岡田正彦

115
老いない技術　元気で暮らす10の生活習慣
老化は止められないが、遅らせることは誰にでもできる!
東京都リハビリテーション病院院長
林　泰史

〈祥伝社新書〉

大好評！“大人のレジャーシリーズ”

013

韓国の「昭和」を歩く

韓国と日本のありのままの姿を探る旅。そこには「懐かしい日本」があった

ソウル在住ジャーナリスト
鄭《チョン》 銀《ウン》淑《スク》

029

温泉教授の湯治力

日本人が育《はぐく》んできた驚異の健康法

安くて、気持ちよくて、元気になる！「東西湯治場番付」付き

札幌国際大学教授
松田忠徳

032

西部劇を見て男を学んだ

西部劇のヒーローよもう一度よみがえれ！「西部劇ビデオガイド」付き

紀行作家
芦《あし》原《はら》 伸

037

志賀直哉はなぜ名文か

あじわいたい美しい日本語

簡素で美しい名文。日本語のお手本がここにある！

類語辞典編者
山口 翼《たすく》

055

まず「書いてみる」生活

「読書」だけではもったいない

書く能力は定年から開かれる。「自分のこと」から書いてみよう！

哲学者
鷲田小《こ》彌《や》太《た》

〈祥伝社新書〉好評既刊

- 001 抗癌剤 知らずに亡くなる年間30万人 平岩正樹
- 002 模倣される日本 映画、アニメから料理、ファッションまで 浜野保樹
- 003 「震度7」を生き抜く 被災地医師が得た教訓 田村康二
- 024 仏像はここを見る 鑑賞なるほど基礎知識 瓜生《うりゅう》 中《なか》
- 035 神さまと神社 日本人なら知っておきたい八百万《やおよろず》の世界 井上宏生
- 042 高校生が感動した「論語」 佐久 協《やすし》
- 044 組織行動の「まずい!!」学 どうして失敗が繰り返されるのか 樋口晴彦
- 052 人は「感情」から老化する 前頭葉の若さを保つ習慣術 和田秀樹
- 062 ダ・ヴィンチの謎 ニュートンの奇跡 「神の原理」はいかに解明されてきたか 三田誠広
- 063 1万円の世界地図 図解 日本の格差、世界の格差 佐藤 拓
- 074 間《ま》の取れる人 間抜けな人 人づき合いが楽になる 森田雄三
- 076 早朝坐禅 凜《りん》とした生活のすすめ 山折哲雄
- 081 手塚治虫「戦争漫画」傑作選
- 082 頭がいい上司の話し方 樋口裕一
- 086 雨宮処凛《かりん》の「オールニートニッポン」
- 087 手塚治虫「戦争漫画」傑作選Ⅱ
- 095 デッドライン仕事術 すべての仕事に「締切日」を入れよ 吉越《よしこし》浩一郎
- 101 戦国武将の「政治力」 瀧澤 中《あたる》
- 102 800字を書く力 小論文もエッセイもこれが基本！ 鈴木信一
- 103 精神科医は信用できるか 「心のかかりつけ医」の見つけ方 和田秀樹
- 104 宮大工の人育て 木も人も「癖」があるから面白い 菊池恭二
- 107 プロフェッショナル 仁志敏久
- 109 「健康食」はウソだらけ 三好基晴
- 111 超訳『資本論』 的場昭弘
- 112 登ってわかる富士山の魅力 伊藤フミヒロ
- 114 強運になる4つの方程式 もうダメだ、をいかに乗り切るか 渡邉美樹
- 115 老いない技術 元気で暮らす10の生活習慣 林 泰史《やすふみ》
- 116 「教育七五三」の現場から 高校で7割・中学で5割・小学校で3割が落ちこぼれ 瀧井宏臣
- 117 この「社則」、効果あり。 柳澤《やなさわ》大輔
- 118 書き込み式 自分史サブノート 岳《がく》 真也
- 119 「チベット問題」を読み解く 大井 功
- 120 感情暴走社会 「心のムラ」と上手につきあう 和田秀樹
- 121 「自分だまし」の心理学 菊池 聡
- 122 小林多喜二名作集「近代日本の貧困」
- 123 現代語で読む「江戸怪談」傑作選 堤 邦彦
- 124 日本消滅(ジャパン・ナッシング) ーIT貧困大国・再生の手だて 牧野二郎
- 125 それでも改革はやまぬ 風吹かば吹け、波立てば立て 武部勤と「新しい風」
- 126 破局噴火 秒読みに入った人類壊滅の日 高橋正樹
- 127 江戸の下半身事情 永井義男
- 128 コスプレ なぜ、日本人は制服が好きなのか 三田村蕗子《ふきこ》
- 129 「孟子」は人を強くする 佐久 協《やすし》

以下、続刊